Kipperkarten-Handbuch
von
Zeljko Schreiner

**Der Weise sucht das wahre Glück in seinem Innersten
Doch der Naive sucht es in seinen Mitmenschen
Und macht diese verantwortlich
Wenn er es nicht findet**

Kipperkarten-Handbuch

ISBN-13: 9783837010701

Herstellung und Verlag: Books on Demand GmbH, Norderstedt

Bibliografische Information der Deutschen Nationalbibliothek
Die Deutsche Nationalbibliothek verzeichnet diese Publikation in der Deutschen Nationalbibliografie; detaillierte bibliografische Daten sind im Internet über http://dnb.d-nb.de abrufbar.

Hinweis: Die hier beschriebene Kipperkartenanleitung ist nach bestem Wissen und Gewissen erstellt worden. Trotzdem kann der Autor für die Richtigkeit der Angaben keine Gewähr übernehmen.
Kipperkarten sind nicht dazu geeignet, um den professionellen Rat von Angehörigen entsprechender Berufsgruppen zu ersetzen (z.B. Psychiater, Ärzte, Psychologen, Steuerexperten, Rechtsexperten, Finanzexperten, usw.).
Der Autor übernimmt deshalb auch keine Verantwortung für Schäden, die sich beim direkten, indirekten oder falschen Gebrauch der Kipperkarten ergeben.

Inhalt

3

Einleitung

Die hier beschriebenen Karten wurden bereits 1870 von Susanne Kipper entwickelt.

Kipperkarten sind Wahrsagekarten und bestehen aus 36 Karten. Außer den 6 Personenkarten zeigen sie 30 Situationen aus dem alltäglichen Leben.

Sicherlich gibt es noch andere Orakelkarten, mit denen man einen Blick in die Zukunft werfen kann. Doch sind Kipperkarten hauptsächlich bei Anfängern sehr beliebt, weil sie durch die aussagekräftigen Bilder eine nahezu magische Anziehungskraft haben.

Obwohl die Kartenbilder sehr markant wirken, bekommen Anfänger dennoch Probleme, die einzelnen Karten zu kombinieren und aus ihnen Situationen zu erkennen, mit denen Sie und andere konfrontiert werden.

Diese Anleitung wurde deshalb speziell für Anfänger geschrieben, die noch keine Erfahrungen mit Orakelkarten gemacht haben und nun einen schnellen Einstieg in die Zukunftsdeutung finden möchten.

Mit diesem Werk war es mein persönliches Ziel, ein übersichtliches Handbuch zu erstellen, womit sich jeder Neuling zurechtfindet, ohne erst tagelang alle Kartenkombination studieren zu müssen.

Sicherlich ist noch kein Meister vom Himmel gefallen, doch wenn Sie sich für die Orakeldeutung interessieren, bin ich mir ziemlich sicher, dass auch Sie sich die Kunst des Kartenlegens mit den Kipper-Wahrsagekarten aneignen können.

Wenn Sie mit diesen Karten einen guten Einstieg bekommen haben und sich mit der Thematik näher befassen möchten, empfehle ich Ihnen mein Nachfolgewerk „1x1 der Kipperkarten". In diesem Fachbuch sind sämtliche Zweierkombinationen bis ins kleinste Detail beschrieben und liefern dem Kartenleger ein wertvolles Nachschlagewerk, um sich und anderen Fragestellern eine hochwertige Zukunftsdeutung und somit auch eine wertvolle Lebenshilfe zu geben.

Ich wünsche Ihnen jetzt schon viel Freude mit den Kipperkarten und hoffe, dass Sie Ihren vom Schicksal vorherbestimmten Weg frühzeitig erkennen und mit Gottes Hilfe die Zukunft selbst in die Hand nehmen können.

Grundwissen

In meiner zwanzigjährigen Praxis mit der Zukunftsdeutung musste ich vielfach feststellen, dass sehr viele Menschen Angst vor der eigenen Zukunft haben und der festen Meinung sind, dass ihr eigenes Schicksal vorherbestimmt und daher unabänderbar sei. Diese Meinung kann ich jedoch nicht vertreten, weil meine Erfahrungswerte anders sind.

Eine Zukunft ist nie unabänderbar, sondern bietet jedem Menschen eine Chance, sein Leben positiv zu gestalten.

Jeder von uns hat seine positive als auch negative Eigenschaften, bzw. sein eigenes Karma in die Wiege gelegt bekommen. Deshalb gibt es auf der ganzen Welt keinen einzigen Menschen, mit dem es das Schicksal nur gut meint und ihn deshalb mit einer glücklichen Zukunft segnet.

Auch hat jeder Mensch sein eigenes persönliches Schicksal, aus dem er seine Chancen erkennen und somit seinem Leben ein zufriedenes und auch glückliches Dasein geben kann. Was jedoch der einzelne aus diesen Chancen macht, ist dagegen ein anderes Thema.

In den Wahrsagekarten sieht man deshalb auch keine unausweichliche Zukunft, sondern nur den Weg, auf dem sich der Fragesteller befindet. Wenn dieser Weg allerdings nicht so positiv ist, hat er jederzeit die Möglichkeit von ihm abzugehen und einen anderen einzuschlagen.

Um seinem Leben eine bessere Zukunft zu geben, sollte der Fragesteller deshalb aktiv werden bzw. aktiv bleiben.

Auch bei positiven Zukunftsaussichten ist ein aktives Handeln auf jeden Fall erforderlich. Wenn der Fragesteller z.B. wissen möchte, ob er die herannahende Führerscheinprüfung besteht und Sie geben ihm durch die Karten eine positive Antwort, heißt es lediglich, dass er auf dem Weg ist, diese Prüfung zu bestehen. Ist er jedoch der festen Meinung, dass die herannahende Prüfung wegen Ihrer Aussage jetzt schon bestanden ist und er sich daraufhin nicht mehr vorbereiten muss, verfällt er in Passivität und weicht von seinem Weg ab. Dies hätte zur Folge, dass er die Prüfung doch nicht besteht und von Ihrer Zukunftsdeutung bitter enttäuscht ist.

Darum ist es nötig, dem Fragesteller nicht nur die Zukunft zu deuten sondern ihm auch zu erklären, dass Ihre Aussage lediglich eine Tendenz ist.

Beschreibung der Kipperkarten und der Kombinationen

Auf den nachfolgenden Seiten stelle ich Ihnen alle Kipperkarten vor und führe auch sämtliche Zweierkombinationen auf.

Ich wünsche Ihnen jetzt schon viel Freude beim Lernen und Üben mit den berühmten Kipper-Wahrsagekarten.

Karte Nr.01 und Nr.02 Hauptperson

Beschreibung: Fragestellerin, Fragesteller. Kann aber, je nach Lebenslage, der oder auch die Geliebte sein. Meistens ist es die Person, der man mit seinem Herzen am nächsten steht.

Tageskarte: Heute werden Sie ein gesundes Selbstbewusstsein haben und den Tag genießen.

Personeneigenschaft: Selbstbewusst
Beruf: Sie werden sehr aktiv und sind durch Ihren Arbeitseinsatz ein gutes Vorbild für Ihre Kollegen.
Liebe: Ihr gesundes Selbstbewusstsein und Ihre Ausstrahlung werden heute alle Hemmungen verdrängen. Wenn Sie allerdings Single sind und die gegengeschlechtliche Karte ziehen, haben Sie sehr gute Chancen für einen partnerschaftlichen Neubeginn.
Geld: Sie haben ein gutes Gespür für finanzielle Belange und können deshalb sichere, finanzielle Entscheidungen für die Zukunft treffen.

Karte Nr.01 und Nr.02 in Verbindung mit:

Nr.02 oder Nr.01: Sie werden ein äußerst herzliches Verhältnis zur Herzensperson haben.
Nr.03: Es kommt eine Bindung auf Sie zu.
Nr.04: Es kommen viele Geselligkeiten und interessante Treffen auf Sie zu.
Nr.05: Sie werden öfters Kontakt mit einem älteren Mann haben.
Nr.06: Sie werden öfters Kontakt mit einer älteren Frau haben.
Nr.07: Es kommt eine wichtige Nachricht oder wichtiges Gespräch.
Nr.08: Sie werden mit Lügen konfrontiert.
Nr.09: Sie werden bald eine wichtige Veränderung haben.
Nr.10: Bald werden Sie auf Reise gehen, bald haben Sie ein Auto.

Nr.11: Ein Geldbetrag wird auf Sie zukommen.

Nr.12: Sie und eine jüngere Frau.

Nr.13: Sie werden in (finanzieller) Sicherheit sein.

Nr.14: Belastungen und leichte Erkrankungen kommen auf Sie zu.

Nr.15: Bald werden Sie sich verlieben.

Nr.16: Sie werden sich viele Gedanken machen oder viele Pläne haben.

Nr.17: Eine freudige Überraschung kommt auf Sie zu.

Nr.18: Es kommen Neuigkeiten auf Sie zu. Kann auch ein Kind sein.

Nr.19: Sie werden mit einem Schrecken oder Unfall konfrontiert. Sie haben sehr negative Einstellungen, mit denen Sie sich unnötig belasten.

Nr.20: Sie werden seelisch stabil sein. Bald haben Sie ein Haus.

Nr.21: Sie werden Ihre heimische Atmosphäre bevorzugen.

Nr.22: Sie und ein jüngerer Mann.

Nr.23: Bald werden Sie eine wichtige Entscheidung haben.

Nr.24: Bald werden Sie Verluste haben.

Nr.25: Sie werden Anerkennung bekommen. Kann aber auch eine Behörde sein, mit der Sie in Zukunft konfrontiert werden.

Nr.26: Sie werden in Zukunft viel Glück haben.

Nr.27: Bald werden Sie sich etwas Besonderes kaufen, oder einen wichtigen Vertrag aushandeln.

Nr.28: Sie werden noch etwas warten müssen (Geduld).

Nr.29: Sie werden unsicher und verängstigt sein.

Nr.30: Streitereien und Auseinandersetzungen kommen auf Sie zu.

Nr.31: Bald werden Sie krank. Es wäre ratsam, zum Arzt zu gehen.

Nr.32: Sorgen kommen auf Sie zu.

Nr.33: Sie werden mit negativen Gedanken oder auch Betrügereien konfrontiert.

Nr.34: Bald wird viel Arbeit auf Sie zukommen.

Nr.35: Bis sich etwas Wichtiges in Ihrem Leben verändert, werden noch Jahre vergehen.

Nr.36: Sie werden viele Träume haben. Diese Kartenkombination zeigt auch an, dass Sie sich viel mit Esoterik beschäftigen werden.

Karte Nr.03 Ehestandskarte

 **Beschreibung:** Diese Karte zeigt Treue und feste Partnerschaften. Auch symbolisiert sie moralische Wertvorstellungen und Bindungen in den anderen Lebensbereichen (z.B. Freundschaften, Familie Auto, Firma). In der Nähe einer Person sagt diese Karte aus, dass auf Sie viel Verlass ist.

Tageskarte: Der heutige Tag wird für Sie äußerst harmonisch verlaufen. Diese Harmonie wird sich hauptsächlich auf ihre Mitmenschen beziehen.

Personeneigenschaft: Treu, anpassungsfähig
Beruf: Sie werden eine sehr starke Bindung zu Ihrem Beruf haben und können sich deshalb kaum vorstellen, eine andere Tätigkeit auszuüben.
Liebe: In der Partnerschaft ist Harmonie und Verbundenheit angesagt. Als Single haben Sie sehr gute Chancen, einen lieben Menschen kennen zu lernen.
Geld: Im finanziellen Bereich stehen Sie unter einem guten Stern, um Verträge abzuschließen oder Geschäftspartner zu finden.

Karte Nr.03 in Verbindung mit:

Nr.01 oder Nr.02: Es kommt eine Bindung auf Sie zu.
Nr.04: Hochzeitsgesellschaft, Polterabend, Verlobungsfeier.
Nr.05: Ein älterer Mann ist verheiratet. Auch ist auf ihn viel Verlass.
Nr.06: Eine ältere Frau ist verheiratet. Auch ist auf sie viel Verlass.
Nr.07: Gespräche über Partnerschaften, bzw. Festigung der Beziehung.
Nr.08: Eine unehrliche oder falsche Partnerschaft.
Nr.09: Eine Veränderung in der Partnerschaft oder Ehe. Kann aber auch ein Umzug durch eine neue Partnerschaft sein.
Nr.10: Eine Hochzeitsreise, starke Bindung an das Auto.
Nr.11: Eine Ehe, in der ein Vermögen aufgebaut wird. Auch kann diese Kartenkombination anzeigen, dass eine Hochzeit teuer wird (Mitgift).

Nr.12: Eine junge Frau hat eine Partnerschaft. Kann aber auch bedeuten, dass Sie sich auf diese junge Frau verlassen können.

Nr.13: Die Partnerschaft wird lange halten. Kann aber auch bedeuten, dass die Partnerschaft finanziell abgesichert ist.

Nr.14: Eine belastende Partnerschaft.

Nr.15: Eine Partnerschaft, die auf wahrer Liebe basiert.

Nr.16: Gedanken, Pläne wegen einer Partnerschaft.

Nr.17: Freude und Überraschung in der Partnerschaft.

Nr.18: Neuigkeiten in der Partnerschaft, eine neue Partnerschaft.

Nr.19: Trennung, Auflösung der Partnerschaft.

Nr.20: Diese Partnerschaft ist stabil.

Nr.21: Die Partnerschaft ist familiär. Auch kann die Kartenkombination anzeigen, dass die Partnerschaft nur in den eigenen vier Wänden gelebt wird (eingeengt).

Nr.22: Dieser junge Mann hat eine Partnerschaft.

Nr.23: Eine Entscheidung wegen einer Partnerschaft treffen. Wenn die Partnerschaft besteht, kann diese Kombination das Scheidungsgericht anzeigen.

Nr.24: Diese Partnerschaft wird aufgelöst.

Nr.25: Eine Partnerschaft, die von vielen Mitmenschen geschätzt und anerkannt wird.

Nr.26: Glück in der Partnerschaft.

Nr.27: Ein Ehevertrag oder auch allgemein eine Hochzeit.

Nr.28: In der Partnerschaft brauchen Sie Geduld.

Nr.29: Eine einengende Partnerschaft.

Nr.30: In der Partnerschaft wird es Streit und Auseinandersetzungen geben.

Nr.31: Diese Partnerschaft wird so belastend sein, dass Sie bald krank werden.

Nr.32: Große Sorgen wegen der Partnerschaft.

Nr.33: Ein Seitensprung.

Nr.34: An dieser Partnerschaft wird viel gearbeitet, um sie aufrecht zu erhalten.

Nr.35: Diese Partnerschaft wird noch jahrelang bestehen bleiben.

Nr.36: Eine ideale Partnerschaft.

Karte Nr.04 Zusammenkunft

 **Beschreibung:** Diese Karte zeigt Freundschaften Partys, Geselligkeit, und große Veranstaltungen. In der Nähe einer Personenkarte besagt sie, dass diese die Geselligkeit liebt.

Tageskarte: Heute wird ein Tag, an dem Sie mit großer Wahrscheinlichkeit in guter Gesellschaft weilen werden. Sollten Sie nichts geplant haben, dürfte sich heute unverhofft Besuch ankündigen.

Personeneigenschaft: Kontaktfreudig
Beruf: Sie werden im Team arbeiten und auf die Erfahrungen von Ihren Kollegen vertrauen.
Liebe: Sie zeigen Ihrem Partner mehr Aufmerksamkeit.
Als Single dürften Sie heute eine interessante Begegnung haben.
Geld: Ein verlockendes Angebot wird Sie nicht zum sofortigen Einkauf animieren. Stattdessen werden Sie mehrere Angebote vergleichen und abschätzen, welches wirklich gut und günstig ist.

Karte Nr.04 in Verbindung mit:

Nr.01 oder Nr.02: Es kommen viele Geselligkeiten und interessante Treffen auf Sie zu.
Nr.03: Hochzeitsgesellschaft, Polterabend, Verlobungsfeier.
Nr.05: Ein älterer Herr ist gesellig, ein Treffen mit einem älteren Mann.
Nr.06: Eine ältere Frau ist gesellig, ein Treffen mit einer älteren Frau.
Nr.07: Einladung zu einem unterhaltsamen Treffen (z.B. Party).
Nr.08: Freunde und Bekannte sind unehrlich.
Nr.09: Veränderungen des Freundeskreises.
Nr.10: Gruppenreise.
Nr.11: Treffen wegen einer finanziellen Angelegenheit.
Nr.12: Eine jüngere Frau ist gesellig, ein Treffen mit einer jungen Frau.
Nr.13: Ein Treffen oder eine Sitzung in einer Firma.

Nr.14: Belastende Freunde. Auch besagt diese Kombination, dass Ihre Freunde und Bekannte eine depressive Stimmung haben.

Nr.15: Rendezvous, herzliche Verabredung.

Nr.16: Gedanken wegen einem Treffen, Planungen und Vorbereitungen wegen einer Veranstaltung.

Nr.17: Fröhlicher Freundes- und Bekanntenkreis, Party.

Nr.18: Neue Freunde und Bekannte.

Nr.19: Vorsicht vor Ihren Freunden und Bekannten, denn diese könnten Ihnen einen Schaden zufügen.

Nr.20: Geselliges Treffen im Haus, Familientreffen.

Nr.21: Geselliges Treffen in der Wohnung oder auch ein gemütliches Beisammensein mit Freunden und Bekannten.

Nr.22: Ein jüngerer Mann ist gesellig, ein Treffen mit einem jüngeren Mann.

Nr.23: Eine Entscheidung wegen dem Freundes- und Bekanntenkreis treffen.

Nr.24: Verlust von Freunden und Bekannten.

Nr.25: Stabile Freundschaften, Vorladung zu einer Behörde.

Nr.26: Ihre Freunde bringen Ihnen Glück.

Nr.27: Abmachung, Vertrag oder Übereinkunft mit Ihren Freunden und Bekannten.

Nr.28: Für Ihre Freunde und Bekannte werden Sie noch einige Monate Geduld brauchen.

Nr.29: Ihr Freundeskreis ist einengend und langweilig. Auch besagt die Kombination, dass ihr Freundes- und Bekanntenkreis bestehen bleibt.

Nr.30: Krach im Freundes- und Bekanntenkreis.

Nr.31: Ihre Freunde machen Sie krank. Auch besagt die Kombination, dass Ihre Freunde kränklich sind und viel jammern.

Nr.32: Ihre Freunde bereiten Ihnen Sorgen, bzw. Ihre Freunde haben Sorgen.

Nr.33: Vorsicht vor Ihren Freunden und Bekannten, denn diese können sehr rücksichtslos und egoistisch sein.

Nr.34: Ihre Freunde und Bekannte sind sehr fleißig. Auch zeigt diese Kartenkombination Ihre Arbeitskollegen.

Nr.35: Freunde und Bekannte bleiben Ihnen noch jahrelang erhalten.

Nr.36: Esoterikkreis, Treffen beim Kartenleger oder Astrologen.

Karte Nr.05 Guter Herr

Beschreibung: Diese Karte symbolisiert einen älteren Mann. Es kann sich um den eigenen Vater, Onkel, älteren Bruder, Schwager, älteren Freund handeln. Es kann auch ein Mann sein, der nicht sehr alt ist, aber durch sein Erscheinungsbild und sein Verhalten dennoch älter wirkt.

Tageskarte: Heute werden Sie mit einem älteren Mann zusammenkommen, der viel Erfahrung hat und diese nun weitergeben möchte (z.B. Vater).

Personeneigenschaft: Väterlich
Beruf: Auf der Arbeit werden Sie sich auf Ihre Erfahrung berufen und sind dadurch in der Lage, für jedes Problem eine Lösung zu finden.
Liebe: Sie werden heute sehr viel Menschenkenntnis einsetzen um Ihre Partnerschaft zu pflegen. Als weiblicher Single haben Sie heute gute Chancen einen älteren Mann kennen zu lernen
Geld: Finanziell wird Ihnen heute keiner was vormachen. Schließlich haben Sie viel Erfahrung und wissen auch, dass man bei finanziellen Entscheidungen äußerst vorsichtig sein sollte.

Karte Nr.05 in Verbindung mit:

Nr.01 oder Nr.02: Sie werden öfters Kontakt mit einem älteren Mann haben.
Nr.03: Ein älterer Mann ist verheiratet. Auch ist auf ihn viel Verlass.
Nr.04: Ein älterer Herr ist gesellig, ein Treffen mit einem älteren Mann.
Nr.06: Ein älteres Ehepaar.
Nr.07: Ein älterer Mann ist sehr gesprächig, Gespräche mit einem älteren Mann.
Nr.08: Ein älterer Mann ist unehrlich. Er nimmt es mit der Wahrheit nicht so genau.
Nr.09: Ein älterer Mann kommt von einem anderen Ort.
Nr.10: Ein älterer Mann ist äußerst reisefreudig und viel unterwegs.

Nr.11: Ein älterer Mann ist vermögend und hat viel Geld.

Nr.12: Ein älterer Mann und seine Tochter oder Enkeltochter, kann aber auch ein Paar anzeigen, wo er viel älter ist als sie.

Nr.13: Ein älterer Mann hat Sicherheiten.

Nr.14: Ein älterer Mann ist kränklich und wenig belastbar.

Nr.15: Ein älterer Mann ist verliebt oder er ist nett und liebenswert.

Nr.16: Ein älterer Mann ist sehr viel am Grübeln und schmiedet Pläne.

Nr.17: Ein älterer Mann ist sehr heiter und wird Ihnen auch eine freudige Überraschung bereiten.

Nr.18: Ein älterer Mann hat Neuigkeiten.

Nr.19: Ein älterer Mann wird Ihnen einen Schaden bereiten. Deshalb ist es für Sie ratsam, in Zukunft etwas vorsichtiger zu sein.

Nr.20: Ein älterer Mann ist sehr familiär und hat auch ein Vermögen.

Nr.21: Ein älterer Mann ist häuslich und sehr gemütlich.

Nr.22: Ein älterer Mann mit einem Jungen. Kann beispielsweise Vater und Sohn oder Opa und Enkelsohn darstellen.

Nr.23: Ein älterer Mann muss demnächst eine Entscheidung treffen, die von großer Bedeutung ist.

Nr.24: Ein älterer Mann wird Verluste haben, Kontakt zu einem älteren Mann verlieren.

Nr.25: Ein älterer Mann hat ein sehr hohes Alter, bzw. ist gebildet und hat einen besonderen beruflichen Status.

Nr.26: Ein älterer Mann bringt Ihnen viel Glück.

Nr.27: Ein älterer Mann macht Ihnen ein interessantes Angebot.

Nr.28: Ein älterer Mann ist sehr geduldig.

Nr.29: Ein älterer Mann ist sehr einsam.

Nr.30: Ein älterer Man ist streitsüchtig. Auch besagt die Kombination, dass Sie mit diesem Mann Streit bekommen.

Nr.31: Ein älterer Mann ist krank.

Nr.32: Ein älterer Mann hat Sorgen.

Nr.33: Ein älterer Mann wird Ihnen Ärger bereiten, weil er nur an sein eigenes Wohl bedacht ist.

Nr.34: Ein älterer Mann ist sehr fleißig und hat noch viele Arbeiten zu erledigen.

Nr.35: Zu diesem älteren Mann werden Sie noch viele Jahre Kontakt haben.

Nr.36: Ein älterer Mann ist verträumt und wirkt dadurch weltfremd.

Karte Nr.06 Gute Dame

 **Beschreibung:** Die Karte symbolisiert eine ältere Frau. Es kann sich um die eigene Mutter, Tante, ältere Schwester, Schwägerin oder ältere Freundin handeln. Es kann auch eine Frau sein, die nicht sehr alt ist, aber durch ihr Erscheinungsbild und ihr Verhalten dennoch älter wirkt.

Tageskarte: Heute werden Sie mit einer älteren Frau zusammenkommen, die viel Erfahrung hat und diese nun weitergeben möchte (z.B. Mutter).

Personeneigenschaft: Mütterlich

Beruf: Auf der Arbeit werden Sie sich auf Ihre Erfahrung berufen und sind dadurch in der Lage, für jedes Problem eine Lösung zu finden.

Liebe: Sie werden heute sehr viel Menschenkenntnis und Feinfühligkeit haben um Ihre Partnerschaft zu pflegen. Als männlicher Single haben Sie heute gute Chancen, eine ältere Frau kennen zu lernen

Geld: Finanziell wird Ihnen heute keiner was vormachen. Schließlich haben Sie viel Erfahrung und wissen auch, dass man bei finanziellen Entscheidungen äußerst vorsichtig sein sollte.

Karte Nr.06 in Verbindung mit:

Nr.01 oder Nr.02: Sie werden öfters Kontakt mit einer älteren Frau haben.

Nr.03: Eine ältere Frau ist verheiratet. Auch ist auf sie viel Verlass.

Nr.04: Eine ältere Frau ist gesellig. Treffen mit einer älteren Frau.

Nr.05: Ein älteres Ehepaar.

Nr.07: Eine ältere Frau ist sehr gesprächig, Gespräche mit einer älteren Frau.

Nr.08: Eine ältere Frau ist unehrlich. Sie nimmt es mit der Wahrheit nicht so genau.

Nr.09: Eine ältere Frau kommt aus einem anderen Ort.

Nr.10: Eine ältere Frau ist äußerst reisefreudig und viel unterwegs.

Nr.11: Eine ältere Frau ist vermögend und hat viel Geld.

Nr.12: Eine ältere Frau mit ihrer Tochter oder Enkeltochter.

Nr.13: Eine ältere Frau hat Sicherheiten.

Nr.14: Eine ältere Frau ist kränklich und wenig belastbar.

Nr.15: Eine ältere Frau ist verliebt oder sie ist nett und liebenswert.

Nr.16: Eine ältere Frau ist sehr viel am Grübeln und schmiedet Pläne.

Nr.17: Eine ältere Frau ist sehr heiter und wird Ihnen auch eine freudige Überraschung bereiten.

Nr.18: Eine ältere Frau hat Neuigkeiten.

Nr.19: Eine ältere Frau wird Ihnen einen Schaden bereiten. Deshalb ist es für Sie ratsam, in Zukunft etwas vorsichtiger zu sein.

Nr.20: Eine ältere Frau ist sehr familiär und hat auch ein Vermögen.

Nr.21: Eine ältere Frau ist häuslich und sehr gemütlich.

Nr.22: Eine ältere Frau mit einem jungen Mann. Kann beispielsweise Mutter und Sohn darstellen oder auch ein Paar, bei der sie viel älter ist als der Partner.

Nr.23: Eine ältere Frau muss demnächst eine Entscheidung treffen, die von großer Bedeutung ist.

Nr.24: Eine ältere Frau wird Verluste haben, Kontakt zu einer älteren Frau verlieren.

Nr.25: Eine ältere Frau hat ein sehr hohes Alter, bzw. ist gebildet und hat einen besonderen beruflichen Status.

Nr.26: Eine ältere Frau bringt Ihnen viel Glück.

Nr.27: Eine ältere Frau macht Ihnen ein interessantes Angebot.

Nr.28: Eine ältere Frau ist sehr geduldig.

Nr.29: Eine ältere Frau ist sehr einsam.

Nr.30: Eine ältere Frau ist streitsüchtig. Auch besagt die Kombination, dass Sie mit dieser Frau Streit bekommen.

Nr.31: Eine ältere Frau ist krank.

Nr.32: Eine ältere Frau hat Sorgen.

Nr.33: Eine ältere Frau wird Ihnen Ärger bereiten, weil sie nur an ihr eigenes Wohl bedacht ist.

Nr.34: Eine ältere Frau ist sehr fleißig und hat noch viele Arbeiten zu erledigen.

Nr.35: Zu dieser älteren Frau werden Sie noch viele Jahre lang Kontakt haben.

Nr.36: Eine ältere Frau ist verträumt und wirkt dadurch weltfremd.

Karte Nr.07 Angenehmer Brief

Beschreibung: Die Karte zeigt Nachrichten an, die Sie in der nächsten Zeit bekommen. Oft handelt es sich dabei um Mitteilungen, die Sie in Form von Telefonaten, Briefen, Emails und Gesprächen erhalten. Ebenso zeigt sie wichtige Schriftstücke, Dokumente und Urkunden an.

Tageskarte: Heute könnte es sein, dass Sie wichtige Mitteilungen erhalten und interessante Gespräche führen, bei denen Sie über alles informiert werden.

Personeneigenschaft: Gesprächig, kontaktfreudig
Beruf: Auf der Arbeit werden Sie sämtliche Tätigkeiten sehr korrekt ausführen. Selbst der größte Nörgler wird nichts auszusetzen haben.
Liebe: Sie machen ihrem Partner nochmals deutlich, was Sie für ihn empfinden. Als Single werden Sie mit großer Wahrscheinlichkeit eine recht herzliche Nachricht erhalten.
Geld: Genauigkeit steht bei Ihnen hoch im Kurs, denn Sie haben das Bedürfnis, über jeden ausgegebenen Cent am liebsten Buch zu führen.

Karte Nr.07 in Verbindung mit:

Nr.01 oder Nr.02: Es kommt eine wichtige Nachricht oder wichtiges Gespräch.
Nr.03: Gespräche über Partnerschaften, bzw. Festigung der Beziehung.
Nr.04: Einladung zu einem unterhaltsamen Treffen (z.B. Party).
Nr.05: Ein älterer Mann ist gesprächig, Gespräche mit einem älteren Mann.
Nr.06: Eine ältere Frau ist sehr gesprächig, Gespräche mit einer älteren Frau.
Nr.08: Lügen und Intrigen.
Nr.09: Eine Mitteilung aus einer anderen Stadt.
Nr.10: Reiseunterlagen, Gespräche über Reisen, Führerschein.

Nr.11: Aktien, Wertbriefe, Geldscheine, finanzielle Nachricht.

Nr.12: Eine jüngere Frau ist sehr gesprächig. Sie werden Gespräche mit einer jüngeren Frau führen.

Nr.13: Nachricht oder Information von einer Firma.

Nr.14: Belastende und traurige Nachrichten und Gespräche.

Nr.15: Liebesbrief, Liebesgeständnis.

Nr.16: Gedanken und Pläne zu einem Gespräch.

Nr.17: Heitere Gespräche, freudige Nachricht.

Nr.18: Überraschung, Neuigkeit.

Nr.19: Hiobsbotschaft, schockierende und schlimme Nachricht. In den allerwenigstens Fällen wird mit der Kombination eine Todesnachricht vorhergesagt.

Nr.20: Gespräche und Schriftstücken in Bezug zu einem Haus.

Nr.21: Gespräche und Schriftstücken in Bezug zu einer Wohnung.

Nr.22: Ein jüngerer Mann ist gesprächig. Gespräche mit einem jungen Mann führen.

Nr.23: Gespräche, Nachricht, in der eine Entscheidung mitgeteilt wird.

Nr.24: Ein wichtiges Gespräch kommt nie zustande, eine sehr wichtige Nachricht wird niemals oder viel zu spät ankommen.

Nr.25: Zeugnis, Urkunde, Brief von einer Behörde.

Nr.26: Überraschung, freudige Nachricht.

Nr.27: Kaufvertrag, schriftliches Angebot.

Nr.28: Ein wichtiges Gespräch oder eine Nachricht wird erst in ein paar Monaten kommen.

Nr.29: Anonyme Anrufe, geheimnisvolle Mitteilungen.

Nr.30: Streitgespräche, Brief vom Anwalt.

Nr.31: Gespräche über Krankheiten, schriftlichen Befund vom Arzt.

Nr.32: Sorgenvolle Gespräche, eine Mitteilung, die Kummer bereitet.

Nr.33: Üble Nachrede, schlimme Lügen.

Nr.34: Berufliche Gespräche, Vorstellungsgespräch.

Nr.35: Sehr lange Gespräche, jahrelange und gute Informationsquelle.

Nr.36: Spirituelle Gespräche, Telepathie.

Karte Nr.08 Falsche Person

Beschreibung: Die Karte symbolisiert, dass etwas falsch oder ungerecht verläuft. Meist sind es Lügen die angezeigt werden. Oft zeigt sie auch an, dass Fehler und Irrtümer vorliegen und es sich lohnt, eine Angelegenheit neu zu überdenken.

Tageskarte: Heute sollten Sie sehr kritisch sein, denn die Wahrscheinlichkeit ist hoch, dass einige Ihrer Mitmenschen es mit der Wahrheit nicht so genau nehmen.

Personeneigenschaft: Unehrlich
Beruf: Auf der Arbeit wird es nicht sehr ehrlich verlaufen. Auch ist die Tendenz hoch, dass Arbeitsfehler gemacht werden.
Liebe: In der Partnerschaft werden Sie oder Ihr Partner es nicht ehrlich mit den Gefühlen meinen. Als Single sollten Sie darauf achten, ob die Gefühle ehrlich sind oder nur eine kurzfristige Schwärmerei vorliegt.
Geld: Vorsicht vor finanziellen Ausgaben. Die Wahrscheinlichkeit ist groß, dass man es nicht besonders ehrlich meint und Sie über den Tisch ziehen möchte.

Karte Nr.08 in Verbindung mit:

Nr.01 oder Nr.02: Sie werden mit Lügen konfrontiert.
Nr.03: Eine unehrliche oder falsche Partnerschaft.
Nr.04: Freunde und Bekannte sind unehrlich.
Nr.05: Ein älterer Mann ist unehrlich. Er nimmt es mit der Wahrheit nicht sehr genau.
Nr.06: Eine ältere Frau ist unehrlich. Sie nimmt es mit der Wahrheit nicht sehr genau.
Nr.07: Lügen und Intrigen.
Nr.09: Eine Lüge aus einem anderen Ort.
Nr.10: Bei einer Reise läuft etwas falsch. Fehler am Auto.
Nr.11: Fehler im Umgang mit Geld.

Nr.12: Eine jüngere Frau ist unehrlich. Sie nimmt es mit der Wahrheit nicht sehr genau.

Nr.13: Fehler, Ungerechtigkeiten und Falschheit in der Firma.

Nr.14: Belastungen durch Lügen.

Nr.15: Unehrliche Liebe, mit den Gefühlen nicht ehrlich sein.

Nr.16: Eine Lüge wird geplant.

Nr.17: Ein dummer Streich.

Nr.18: Falsche Neuigkeiten, neue Lügen.

Nr.19: Wegen einer Lüge Angst bekommen. Wegen einer Lüge einen seelischen und moralischen Schaden bekommen.

Nr.20: Unehrliche Verwandte, Unehrlichkeiten wegen einem Haus.

Nr.21: Unehrlichkeiten im engsten Familienkreis.

Nr.22: Ein junger Mann ist unehrlich. Er nimmt es mit der Wahrheit nicht sehr genau.

Nr.23: Es wird eine falsche Entscheidung getroffen.

Nr.24: Verluste wegen einer Lüge. Eine Lüge wird verdrängt.

Nr.25: Ungerechtigkeiten im Beruf oder von einer Behörde.

Nr.26: Glücklicher Ausgang wegen einer Lüge.

Nr.27: Ein recht zweifelhaftes Angebot.

Nr.28: Eine Lüge wird noch mehrere Monate im Umlauf sein.

Nr.29: Heimliche Lügen und Intrigen.

Nr.30: Streit wegen einer Lüge.

Nr.31: Eine Krankheit ist seelisch bedingt.

Nr.32: Sorgen wegen einer Lüge.

Nr.33: Lügen und Intrigen mit dem Ziel, einen Schaden anzurichten.

Nr.34: Arbeitsfehler, Handwerkerpfusch.

Nr.35: Eine Lüge wird noch Jahre im Umlauf sein, bis sie aufgeklärt werden kann.

Nr.36: Aus einer krankhaften Phantasie heraus wird eine Lüge in die Welt verbreitet.

Karte Nr.09 Eine Veränderung

 **Beschreibung:** Diese Karte zeigt Veränderungen, die Sie in verschiedenen Bereichen vornehmen. Dies könnte beispielsweise ein Umzug sein, ein beruflicher Wechsel oder ein Wechsel des Freundeskreises. Auch Entfernungen und weit entfernte Orte werden mit dieser Karte angezeigt.

Tageskarte: Sie haben heute das Verlangen, den Alltag und sich selber zu verändern (z.B. Möbel, Kleidungsstil, Wohnung).

Personeneigenschaft: Wechselhaft
Beruf: Auf der Arbeit wird sich ein schleichender Wandel bemerkbar machen.
Liebe: Im Bereich der Partnerschaft gibt es Veränderungen. Dies kann die eigentliche Partnerschaft betreffen oder einen Umzug wegen einer neuen Partnerschaft. Als Single werden Sie durch eine neue Beziehung Ihren kompletten Alltag umkrempeln.
Geld: Beim Thema Finanzen werden Sie Ihre Ansichten ändern und bei Ausgaben andere Prioritäten setzen.

Karte Nr.09 in Verbindung mit:

Nr.01 oder Nr.02: Sie werden bald eine wichtige Veränderung haben.
Nr.03: Eine Veränderung in der Partnerschaft oder Ehe. Kann aber auch ein Umzug durch eine neue Partnerschaft sein.
Nr.04: Veränderungen des Freundeskreises.
Nr.05: Ein älterer Mann kommt von einem anderen Ort.
Nr.06: Eine ältere Frau kommt aus einem anderen Ort.
Nr.07: Eine Mitteilung aus einer anderen Stadt.
Nr.08: Eine Lüge aus einer anderen Stadt.
Nr.10: Eine Reise.
Nr.11: Eine Veränderung kostet viel Geld.
Nr.12: Eine jüngere Frau aus einer anderen Stadt.

Nr.13: Eine Firma verändert sich, dies könnte eine Umstrukturierung oder auch eine Standortverlegung sein.

Nr.14: Belastungen bei Veränderungen.

Nr.15: Veränderungen in der Liebe.

Nr.16: Pläne und Gedanken wegen einer Veränderung.

Nr.17: Eine Veränderung wird sehr positiv.

Nr.18: Spontane und neue Veränderungen.

Nr.19: Plötzliche Veränderungen, die nicht empfehlenswert sind und sehr negativ enden.

Nr.20: Veränderungen, Renovierungsarbeiten am Haus. Kann auch ein Umzug sein.

Nr.21: Veränderungen, Renovierungsarbeiten in der Wohnung. Kann auch ein Umzug sein.

Nr.22: Ein jüngerer Mann kommt von einem anderen Ort.

Nr.23: Eine Entscheidung oder Entschluss zur Veränderung.

Nr.24: Eine Veränderung bringt nur Verluste.

Nr.25: Eine Veränderung der beruflichen Stellung (z.B. Beförderung).

Nr.26: Eine Veränderung bringt sehr viele Vorteile.

Nr.27: Ein Angebot bzw. Vertrag krempelt das Leben um.

Nr.28: Eine Veränderung sollte erst in ein paar Monaten vorgenommen werden.

Nr.29: Angst vor Veränderungen.

Nr.30: Streit durch Veränderungen.

Nr.31: Krankheit durch Veränderungen.

Nr.32: Sorgen durch Veränderungen.

Nr.33: Intrigen durch Veränderungen.

Nr.34: Berufliche Veränderung (neue Tätigkeit).

Nr.35: Veränderungen finden erst nach ein paar Jahren statt.

Nr.36: Umzug in ein anderes Land. Meistens zeigt die Kombination jedoch nur ein Bundesland an, in dem die Lebensweise etwas anders ist.

Karte Nr.10 Eine Reise

Beschreibung: Diese Karte zeigt Ihnen, dass Sie auf Reise gehen. Oft wird mit der Karte aber auch ein Fortbewegungsmittel angezeigt, (Auto, Schiff, Motorrad, Flugzeug, Zug).

Tageskarte: Heute werden Sie eine sehr starke Unternehmungslust verspüren.
Sie haben das Bedürfnis, mal etwas anderes zu sehen außer Ihrer gewohnten Umgebung.

Personeneigenschaft: Unternehmungslustig
Beruf: Sie kommen zum Entschluss, Ihre Arbeit mit mehr Schwung in Angriff zu nehmen und lange hinausgeschobene Verpflichtungen zu erledigen.
Liebe: Sie zeigen mehr Eigeninitiative und werden die aktive Rolle übernehmen (Liebesurlaub, Reisen um Bekanntschaften zu machen).
Geld: Es stehen neue Ausgaben an, die Ihren finanziellen Spielraum sprengen könnten (Reise, neues Auto, Autoreparatur).

Karte Nr.10 in Verbindung mit:

Nr.01 oder Nr.02: Bald gehen Sie auf Reise, bald haben Sie ein Auto.
Nr.03: Eine Hochzeitsreise, starke Bindung an das Auto.
Nr.04: Gruppenreise.
Nr.05: Ein älterer Mann ist äußerst reisefreudig und deshalb auch sehr viel unterwegs.
Nr.06: Eine ältere Frau ist äußerst reisefreudig und deshalb auch sehr viel unterwegs.
Nr.07: Reiseunterlagen, Gespräche über Reisen, Führerschein.
Nr.08: Bei einer Reise läuft etwas falsch. Fehler am Auto.
Nr.09: Eine Reise.
Nr.11: Eine Reise bzw. ein Auto wird viel Geld kosten.

Nr.12: Eine jüngere Frau ist äußerst reisefreudig und deshalb auch sehr viel unterwegs.

Nr.13: Eine Firma hat sehr viel mit Reisen zu tun (z.B. Spedition, Taxi, Reisebüro, Geschäftsreisen).

Nr.14: Belastende, schwierige Reisen. Kann aber auch das eigene Auto anzeigen, welches kleine Mängel aufweist.

Nr.15: Ein Liebesurlaub, nette herzliche Bekanntschaft auf Reisen.

Nr.16: Reiseplanung, Reisevorbereitung, Gedanken wegen dem Auto.

Nr.17: Freudige Reise, viel Spaß auf Reisen oder Spaß mit dem Auto.

Nr.18: Eine neue Reise, neues Auto.

Nr.19: Unfall auf einer Reise, Unfall mit dem Auto.

Nr.20: Ferienhaus. Reise zur Verwandten.

Nr.21: Ferienwohnung.

Nr.22: Ein junger Mann ist reisefreudig und viel unterwegs.

Nr.23: Sich zu einer Reise entscheiden.

Nr.24: Verluste auf einer Reise, Verluste am Auto.

Nr.25: Bildungsreise, sehr altes Auto.

Nr.26: Glückliche Reise, guter Autokauf.

Nr.27: Reisevertrag, Kaufvertrag fürs Auto.

Nr.28: Bis zur Reise sind es noch ein paar Monate.

Nr.29: Unsicherheit während einer Reise, kann aber auch Unsicherheit im Straßenverkehr anzeigen.

Nr.30: Streit wegen einer Reise. Wut wegen dem Auto, weil Mängel vorhanden sind.

Nr.31: Krankheit auf einer Reise. Das Auto hat schwere Mängel.

Nr.32: Sorgen wegen einer Reise. Sorgen wegen dem Auto.

Nr.33: Betrug auf einer Reise. Betrug wegen dem Auto.

Nr.34: Eine Reise mit viel körperlicher Ertüchtigung. Reparaturarbeiten am Auto.

Nr.35: Eine sehr lange Reise, Weltreise. Das Auto wird mehrere Jahre erhalten bleiben.

Nr.36: Reise in das Ausland, in eine andere Kultur. Das Auto ist das Lieblingshobby.

Karte Nr.11 Viel Geld gewinnen

 **Beschreibung:** Diese Karte zeigt Wohlstand und den finanziellen und materiellen Reichtum an.

Tageskarte: Heute wird Sie das Thema Geld den ganzen Tag begleiten. Ebenso wird es auch sehr wahrscheinlich, dass Sie ganz überraschend eine kleine Geldsumme erhalten, mit der Sie niemals gerechnet haben.

Personeneigenschaft: Materiell veranlagt
Beruf: Sie bekommen die Möglichkeit, mehr Geld zu verdienen. Wenn Sie vor eine berufliche Entscheidung gestellt werden, sollten Sie diese nutzen, um sich beruflich zu verändern.
Liebe: In Ihrer Partnerschaft dreht sich alles um das Thema Reichtum. Mit der Zeit wird deshalb auch ein beachtliches Vermögen angehäuft. Als Single werden Sie einen Partner bevorzugen, dem es finanziell sehr gut geht und von dessen Reichtum auch Sie profitieren können.
Geld: Wenn Sie ein Vermögen anhäufen möchten, dann sollten Sie die günstige Zeit ausnutzen. Sie werden in der nächsten Zeit in finanziellen belangen eine Glücksphase haben und sollten sich nicht davor scheuen, auch mal in der Lotterie oder bei anderen Glücksspielen mitzumachen.

Karte Nr.11 in Verbindung mit:

Nr.01 oder Nr.02: Ein Geldbetrag wird auf Sie zukommen.
Nr.03: Eine Ehe, in der ein Vermögen aufgebaut wird. Auch kann diese Kartenkombination anzeigen, dass eine Hochzeit teuer wird (Mitgift).
Nr.04: Treffen wegen einer finanziellen Angelegenheit.
Nr.05: Ein älterer Mann ist vermögend und hat viel Geld.
Nr.06: Eine ältere Frau ist vermögend und hat viel Geld.
Nr.07: Aktien, Wertbriefe, Geldscheine, finanzielle Nachricht.
Nr.08: Fehler im Umgang mit Geld.

Nr.09: Eine Veränderung kostet viel Geld.

Nr.10: Eine Reise bzw. ein Auto wird viel Geld kosten.

Nr.12: Eine jüngere Frau ist vermögend und hat viel Geld.

Nr.13: Eine Firma hat viel mit Geldanlagen zu tun (z.b. Versicherung, Bank, Vermögensberatung).

Nr.14: Die finanzielle Situation ist belastend.

Nr.15: Für die Liebe wird in Zukunft viel investiert (z.b. Geschenke).

Nr.16: Finanzielle Planungen.

Nr.17: Eine angenehme finanzielle Überraschung.

Nr.18: Neuer Geldzufluss, neue Geldquelle.

Nr.19: Geldzufluss nach einem schicksalhaften Ereignis (z.B. Erbschaft Unfallversicherung).

Nr.20: Geldinvestition für ein Haus.

Nr.21: Geldinvestition für eine Wohnung.

Nr.22: Ein jüngerer Mann ist vermögend und hat viel Geld.

Nr.23: Eine finanzielle Entscheidung wird getroffen.

Nr.24: Finanzielle Verluste.

Nr.25: Eine langfristige Kapitalanlage (z.B. Versicherung).

Nr.26: Glück im finanziellen Bereich.

Nr.27: Ein finanzieller Vertrag wird abgeschlossen (z.B. Sparvertrag oder Kreditvertrag).

Nr.28: Für finanzielle Angelegenheiten und Entscheidungen sollte noch ein paar Monate gewartet werden.

Nr.29: Sparsamkeit.

Nr.30: Streit wegen finanziellen Angelegenheiten.

Nr.31: Finanzielle Lage macht krank. Kann auch finanzielle Einbußen wegen Krankheiten anzeigen.

Nr.32: Finanzielle Sorgen.

Nr.33: Betrug im finanziellen Bereich.

Nr.34: Eine Geldanlage, die sehr gut arbeitet.

Nr.35: Im finanziellen Bereich wird es die nächsten beiden Jahre keine negativen Ereignisse geben.

Nr.36: Unüberlegte Einkäufe, Frusteinkäufe.

Karte Nr.12 Reiches Mädchen

 **Beschreibung:** Diese Karte symbolisiert eine jüngere Frau. Es kann sich um die eigene Tochter, jüngere Schwester, Schwäger, Freundin handeln. Es kann auch eine Frau sein, die nicht besonders jung ist, aber durch ihr Erscheinungsbild und ihr Verhalten dennoch jünger wirkt.

Tageskarte: Heute kommen Sie in Kontakt mit einer jüngeren Frau. Allgemein werden Sie heute zu Melancholie neigen.

Personeneigenschaft: Feinfühlig, sensitiv
Beruf: Auf der Arbeit werden Sie etwas bedrückt und melancholisch sein. Auch neigen Sie dazu, negativ zu denken.
Liebe: In der Partnerschaft wird die Stimmung etwas bedrückend sein. Als Single haben Sie heute gute Chancen eine junge Frau kennen zu lernen, die ein sehr sensitives und empfindliches Gemüt hat.
Geld: Ob Sie eine Ware kaufen sollten oder nicht, wird mehr von Ihrem Herzen als vom Kopf entschieden.

Karte Nr.12 in Verbindung mit:

Nr.01 oder Nr.02: Sie und eine jüngere Frau.
Nr.03: Eine junge Frau hat eine Partnerschaft. Kann aber auch bedeuten, dass Sie sich auf diese junge Frau verlassen können.
Nr.04: Eine jüngere Frau ist gesellig, ein Treffen mit einer jungen Frau.
Nr.05: Ein älterer Mann und seine Tochter oder Enkeltochter, kann aber auch ein Paar anzeigen, wo er viel älter ist als sie.
Nr.06: Eine ältere Frau mit ihrer Tochter oder Enkeltochter.
Nr.07: Eine jüngere Frau ist sehr gesprächig. Sie werden Gespräche mit einer jüngeren Frau führen.
Nr.08: Eine jüngere Frau ist unehrlich. Sie nimmt es mit der Wahrheit nicht sehr genau.
Nr.09: Eine jüngere Frau aus einer anderen Stadt.

Nr.10: Eine jüngere Frau ist äußerst reisefreudig und viel unterwegs.

Nr.11: Eine jüngere Frau ist vermögend und hat viel Geld.

Nr.13: Eine jüngere Frau hat Sicherheiten.

Nr.14: Eine jüngere Frau ist kränklich und wenig belastbar.

Nr.15: Eine jüngere Frau ist verliebt, oder sie ist nett und liebenswert.

Nr.16: Eine jüngere Frau ist sehr viel am Grübeln und schmiedet Pläne.

Nr.17: Eine jüngere Frau ist sehr heiter und wird Ihnen auch eine freudige Überraschung bereiten.

Nr.18: Eine jüngere Frau hat Neuigkeiten.

Nr.19: Eine jüngere Frau wird Ihnen einen Schaden bereiten. Deshalb ist es für Sie ratsam, in Zukunft etwas vorsichtiger zu sein.

Nr.20: Eine jüngere Frau ist sehr familiär und hat auch ein Vermögen.

Nr.21: Eine jüngere Frau ist häuslich und sehr gemütlich.

Nr.22: Eine jüngere Frau mit einem jungen Mann.

Nr.23: Eine jüngere Frau muss demnächst eine Entscheidung treffen, die von großer Bedeutung ist.

Nr.24: Eine jüngere Frau wird Verluste haben, Kontakt zu einer älteren Frau verlieren.

Nr.25: Eine jüngere Frau ist gebildet und hat einen guten beruflichen Status.

Nr.26: Eine jüngere Frau bringt Ihnen viel Glück.

Nr.27: Eine jüngere Frau macht Ihnen ein interessantes Angebot.

Nr.28: Eine jüngere Frau ist sehr geduldig.

Nr.29: Eine jüngere Frau ist sehr einsam.

Nr.30: Eine jüngere Frau ist streitsüchtig. Diese Kombination besagt aber auch, dass Sie mit dieser Frau Streit bekommen.

Nr.31: Eine jüngere Frau ist krank.

Nr.32: Eine jüngere Frau hat Sorgen.

Nr.33: Eine jüngere Frau wird Ihnen Ärger bereiten, weil sie nur an ihr eigenes Wohl bedacht ist.

Nr.34: Eine jüngere Frau ist sehr fleißig und hat noch viele Arbeiten zu erledigen.

Nr.35: Zu einer jüngere Frau werden Sie noch viele Jahre lang Kontakt haben.

Nr.36: Eine jüngere Frau ist verträumt und wirkt dadurch weltfremd.

Karte Nr.13 Reicher guter Herr

Beschreibung: Die Karte ist ein Symbol für gute Finanzen und materielle Sicherheit. Je nach Frage zeigt sie die eigene Firma oder ein Finanzinstitut (z.B. Bank, Versicherung).

Tageskarte: Heute werden Sie ein starkes Gefühl von Sicherheit verspüren. Auch kann es durchaus sein, dass Sie heute ein wichtiges und positives Gespräch mit Ihrem Chef führen.

Personeneigenschaft: Gutmütig, sozial eingestellt
Beruf: Sie werden die Gewissheit haben, dass Ihre Arbeitsstelle für die Zukunft abgesichert ist und Sie sich deshalb keine Sorgen wegen einer möglichen Arbeitslosigkeit zu machen brauchen.
Liebe: Für den Bestand der Partnerschaft werden Sie sich in Sicherheit wiegen. Als Single ist es sicher, dass Sie bald eine Partnerschaft haben, die dauerhaft sein wird.
Geld: Finanziell werden Sie ein Gefühl der Sicherheit verspüren, denn Sie verstehen es sehr gut, mit Geld umzugehen und können sich damit ein stabiles finanzielles Fundament für die Zukunft errichten.

Karte Nr.13 in Verbindung mit:

Nr.01 oder Nr.02: Sie werden in (finanzieller) Sicherheit sein.
Nr.03: Die Partnerschaft wird lange halten. Kann aber auch bedeuten, dass die Partnerschaft finanziell abgesichert ist.
Nr.04: Ein Treffen oder eine Sitzung in einer Firma.
Nr.05: Ein älterer Mann hat Sicherheiten.
Nr.06: Eine ältere Frau hat Sicherheiten.
Nr.07: Nachricht oder Information von einer Firma.
Nr.08: Fehler, Ungerechtigkeiten und Falschheit in der Firma.
Nr.09: Eine Firma verändert sich, dies könnte eine Umstrukturierung oder auch eine Standortverlegung sein.

Nr.10: Eine Firma hat sehr viel mit Reisen zu tun (z.B. Spedition, Taxi, Reisebüro, Geschäftsreisen).

Nr.11: Eine Firma hat viel mit Geldanlagen zu tun (z.B. Versicherung, Bank, Vermögensberatung).

Nr.12: Eine jüngere Frau hat Sicherheiten.

Nr.14: Firma hat Belastungen.

Nr.15: In der Liebe werden Sie Sicherheit und Vertrauen bekommen.

Nr.16: Firma macht Planungen.

Nr.17: Firma hat ein hervorragendes Betriebsklima.

Nr.18: Firma hat wichtige Erneuerungen.

Nr.19: Der Firma geht es sehr schlecht.

Nr.20: Firmengebäude. Ein Haus hat Sicherheiten.

Nr.21: Büroräume. Eine Wohnung hat Sicherheiten.

Nr.22: Ein jüngerer Mann hat Sicherheiten.

Nr.23: Firma hat eine wichtige Entscheidung.

Nr.24: Firma wird Verluste haben.

Nr.25: Firma ist ein sehr großer Konzern oder arbeitet hauptsächlich mit Geldanlagen.

Nr.26: Firma hat viel Glück, glücklich und zufrieden in der Firma.

Nr.27: Vertrag mit einer Firma (z.B. Arbeitsvertrag).

Nr.28: Firma muss abwarten und geduldig sein.

Nr.29: In der Firma bleiben.

Nr.30: Streit in der Firma.

Nr.31: Belastungen in der Firma machen krank.

Nr.32: Firma hat Sorgen.

Nr.33: Firma arbeitet unehrlich.

Nr.34: In der Firma wird viel gearbeitet.

Nr.35: Firma bleibt noch jahrelang bestehen.

Nr.36: Firma arbeitet viel mit dem Ausland zusammen.

Karte Nr.14 Traurige Nachricht

Beschreibung: Diese Karte symbolisiert leichte Erkrankungen und Belastungen. Auch zeigt sie in der Nähe einer Personenkarte, dass diese sehr wehleidig ist.

Tageskarte: Heute werden Sie seelisch und auch körperlich nicht in Topform sein.
Deshalb wäre es ratsam, dass Sie an diesem Tag allen negativen Einflüssen aus dem Weg gehen, um sich nicht unnötig zu belasten.

Personeneigenschaft: Seelisch labil
Beruf: Ihre berufliche Tätigkeit wird Sie sehr belasten. Sollten Sie eine körperliche Tätigkeit ausüben, wäre es ratsam, dass Sie sich in Zukunft mehr schonen und Ihren nächsten Urlaub erholsamer verbringen.
Liebe: Ihre Partnerschaft wird belastend. Als Single wird sich leider ein leichter Liebeskummer bemerkbar machen, da Ihnen klar wird, dass Sie den Partner Ihrer Träume scheinbar doch nicht bekommen können.
Geld: In finanziellen Angelegenheiten wird Ihnen bewusst, dass Sie in Zukunft etwas sparsamer sein müssen. Allerdings bedeutet diese Karte keinen finanziellen Ruin.

Karte Nr.14 in Verbindung mit:

Nr.01 oder Nr.02: Belastungen und leichte Erkrankungen kommen auf Sie zu.
Nr.03: Eine belastende Partnerschaft.
Nr.04: Belastende Freunde. Auch besagt diese Kombination, dass Ihre Freunde und Bekannte eine depressive Stimmung haben.
Nr.05: Ein älterer Mann ist kränklich und wenig belastbar.
Nr.06: Eine ältere Frau ist kränklich und wenig belastbar.
Nr.07: Belastende und traurige Nachrichten und Gespräche.
Nr.08: Belastungen durch Lügen.
Nr.09: Belastungen bei Veränderungen.

Nr.10: Belastende, schwierige Reisen. Kann aber auch das eigene Auto anzeigen, welches kleine Mängel aufweist.

Nr.11: Die finanzielle Situation ist belastend.

Nr.12: Eine jüngere Frau ist kränklich und wenig belastbar.

Nr.13: Firma hat Belastungen.

Nr.15: Leichter Liebeskummer.

Nr.16: Gedanken wegen Belastungen und Beschwerden.

Nr.17: Belastungen und kleine körperliche Beschwerden gehen wieder schnell vorbei.

Nr.18: Neue Belastungen.

Nr.19: Belastungen und leichte körperliche Beschwerden werden sich akut verschlimmern und sollten deshalb vom Arzt behandelt werden.

Nr.20: Ein Haus hat leichte Mängel.

Nr.21: Eine Wohnung hat leichte Mängel.

Nr.22: Ein jüngerer Mann ist kränklich und wenig belastbar.

Nr.23: Entscheidung wird belastend sein oder eine Entscheidung wegen Belastungen treffen.

Nr.24: Belastungen und leichte Erkrankungen gehen schnell vorüber.

Nr.25: Belastungen und leichte Erkrankungen werden chronisch.

Nr.26: Guter Ausgang bei Belastungen und leichten Erkrankungen.

Nr.27: Ein Angebot wird belastend sein.

Nr.28: Belastungen und leichte Erkrankungen dauern einige Monate an.

Nr.29: Ein Krankenhaus für leichte körperliche Erkrankungen.

Nr.30: Empfindliches Nervenkostüm.

Nr.31: Belastungen und leichte Erkrankungen verschlimmern sich.

Nr.32: Belastungen und leichte Erkrankungen bereiten große Sorgen.

Nr.33: Viele unnötige Gedanken wegen den Belastungen und leichten Erkrankungen.

Nr.34: Berufliche Tätigkeit ist sehr belastend.

Nr.35: Belastungen, leichte Erkrankungen dauern noch einige Jahre an.

Nr.36: Belastungen und Erkrankungen sind seelischen Ursprungs.

Achtung: An dieser Stelle möchte ich Ihnen noch den Hinweis geben, dass Wahrsagekarten nicht den Arzt ersetzen können. Deshalb sollten Sie bei psychischen und körperlichen Problemen und Erkrankungen immer einen Arzt oder Psychologen aufsuchen.

Karte Nr.15 Guter Ausgang in der Liebe

 **Beschreibung:** Diese Karte symbolisiert Liebe und Harmonie. Auch zeigt sie alles an, was mit Herzensangelegenheiten zu tun hat.

Tageskarte: Heute haben Sie einen harmonischen Tag. Die Chancen sind sehr hoch, dass einer Ihrer Mitmenschen Ihnen seine Sympathie bekundet und Ihnen erklärt, dass er Sie mag.

Personeneigenschaft: Herzlich
Beruf: Sie werden erkennen, dass Sie Ihre Tätigkeit lieben und diese niemals gegen einen anderen Beruf eintauschen möchten.
Liebe: Ihre Partnerschaft wird voller Harmonie sein. Als Single werden Sie heute gute Chancen, um einen netten und sympathischen Menschen kennen zu lernen, der Ihre Gefühle erwidert.
Geld: Sie werden bald ein sehr gutes finanzielles Angebot erhalten, welches Sie nicht abschlagen sollten. Haben Sie einen Finanzberater, dürfen Sie sich ruhig auf ihn verlassen und seine Ratschläge befolgen.

Karte Nr.15 in Verbindung mit:

Nr.01 oder Nr.02: Bald werden Sie sich verlieben.
Nr.03: Eine Partnerschaft, die auf wahrer Liebe basiert.
Nr.04: Rendezvous, herzliche Verabredung.
Nr.05: Ein älterer Mann ist verliebt oder er ist nett und liebenswert.
Nr.06: Eine ältere Frau ist verliebt oder sie ist nett und liebenswert.
Nr.07: Liebesbrief, Liebesgeständnis.
Nr.08: Unehrliche Liebe, mit den Gefühlen nicht ehrlich sein.
Nr.09: Veränderungen in der Liebe.
Nr.10: Ein Liebesurlaub, nette herzliche Bekanntschaft auf Reisen.
Nr.11: Für die Liebe wird in Zukunft viel investiert (z.B. Geschenke).
Nr.12: Eine jüngere Frau ist verliebt, oder sie ist nett und liebenswert.

Nr.13: In der Liebe werden Sie Sicherheit und Vertrauen bekommen.

Nr.14: Leichter Liebeskummer.

Nr.16: Gedanken an die Liebe.

Nr.17: Überraschung in der Liebe.

Nr.18: Eine neue Liebe.

Nr.19: Das Ende der Liebe.

Nr.20: Stabile Liebe.

Nr.21: Stark ausgeprägte, harmonische Liebe.

Nr.22: Ein jüngerer Mann ist verliebt oder er ist nett und liebenswert.

Nr.23: Eine Entscheidung in der Liebe.

Nr.24: Verlust in der Liebe.

Nr.25: Die Liebe baut auf Reife und Erfahrung aus.

Nr.26: Glückliche Liebe.

Nr.27: Ein Liebesantrag oder eine Liebesbezeugung.

Nr.28: In der Liebe wird sich die nächsten Monate nichts ändern.

Nr.29: Heimliche Liebe, an die Liebe klammern.

Nr.30: Streit in der Liebe.

Nr.31: Großer Liebeskummer.

Nr.32: Sorgen in der Liebe.

Nr.33: Eifersucht.

Nr.34: In der Liebe sehr aktiv sein, Sexualität.

Nr.35: In der Liebe wird sich die nächsten Jahre nicht viel ändern.

Nr.36: Große Schwärmereien. Die perfekte Liebe.

Karte Nr.16 Seine Gedanken

 **Beschreibung:** Die Karte symbolisiert Gedanken, die wir oder unsere Mitmenschen haben.
Auch Planungen und die Kreativität werden mit ihr angezeigt.

Tageskarte: Heute haben Sie einen sehr kreativen Tag. Sie tauchen in Ihre Gedankenwelt hinab und machen sich Gedanken, wie Sie Ihren Alltag und Ihr Leben verbessern können.

Personeneigenschaft: Nachdenklich, vorsichtig planend
Beruf: Sie werden sehr viele berufliche Planungen machen, um sich in Zukunft zu verbessern. Dabei kennt Ihre Kreativität keine Grenzen.
Liebe: In der Liebe werden Sie in der nächsten Zeit sehr kreativ sein. Allerdings sollten Sie darauf achten, diese kreativen Gedanken auch in die Tat umzusetzen.
Geld: Ihre Finanzen werden Sie in Zukunft gedanklich beschäftigen. Es wäre deshalb ratsam, wenn Sie Ihre Gedanken und Ideen mit einem Finanzberater besprechen würden.

Karte Nr.16 in Verbindung mit:

Nr.01 oder Nr.02: Sie werden sich viele Gedanken machen oder viele Pläne haben.
Nr.03: Gedanken, Pläne wegen einer Partnerschaft.
Nr.04: Gedanken wegen einem Treffen, Planungen und Vorbereitungen wegen einer Veranstaltung.
Nr.05: Ein älterer Mann ist sehr viel am Grübeln und schmiedet Pläne.
Nr.06: Eine ältere Frau ist sehr viel am Grübeln und schmiedet Pläne.
Nr.07: Gedanken und Pläne zu einem Gespräch.
Nr.08: Eine Lüge wird geplant.
Nr.09: Pläne und Gedanken wegen einer Veränderung.
Nr.10: Reiseplanung, Reisevorbereitung, Gedanken wegen dem Auto.

Nr.11: Finanzielle Planungen.

Nr.12: Eine jüngere Frau ist sehr viel am Grübeln und schmiedet Pläne.

Nr.13: Firma macht Planungen.

Nr.14: Gedanken wegen Belastungen und Beschwerden.

Nr.15: Gedanken an die Liebe.

Nr.17: Positive Gedanken.

Nr.18: Gedanken wegen einem Neuanfang.

Nr.19: Negative Gedanken, Trennungsgedanken, Ängste.

Nr.20: Gedanken wegen dem Haus oder wegen der Verwandten.

Nr.21: Gedanken um die Wohnung oder die eigene Familie.

Nr.22: Ein jüngerer Mann ist viel am Grübeln und schmiedet Pläne.

Nr.23: Gedanken wegen einer Entscheidung.

Nr.24: Gedanken und Pläne werden wieder verworfen.

Nr.25: Gedanken und Pläne wegen beruflicher Verbesserung.

Nr.26: Glückliche und optimistische Gedanken und Pläne, die auf jeden Fall in die Tat umgesetzt werden sollen.

Nr.27: Gedanken wegen einem Angebot oder Vertrag.

Nr.28: Gedanken und Pläne sollten erst in 2 bis 3 Monaten umgesetzt werden.

Nr.29: Unsicherheit, um Gedanken und Pläne umzusetzen.

Nr.30: Gedanken wegen Auseinandersetzungen.

Nr.31: Gedanken wegen Krankheiten.

Nr.32: Gedanken entwickeln sich zu Sorgen.

Nr.33: Gedanken wegen Ungerechtigkeiten.

Nr.34: Gedanken und Pläne wegen der beruflichen Tätigkeit.

Nr.35: Gedanken und Pläne sollten erst in 1 bis 2 Jahren umgesetzt werden.

Nr.36: Unrealistische Gedanken und Pläne, die nicht umgesetzt werden sollten.

Karte Nr.17 Geschenk bekommen

 **Beschreibung:** Die Karte zeigt allgemein Freude, Heiterkeit und gute Laune.
Auch ist sie ein Symbol für freudige und positive Überraschungen in allen Lebensbereichen.

Tageskarte: Heute haben Sie einen positiven Tag und sind auch gut gelaunt.
Sollte die Laune anfangs ausbleiben, werden Ihre Mitmenschen dafür sorgen, dass Sie sich wohler fühlen.

Personeneigenschaft: Heiter
Beruf: Ihre berufliche Tätigkeit wird Ihnen viel Spaß bereiten. Auch können Sie damit rechnen, dass in Ihrer Firma ein gutes Betriebsklima herrscht und Sie demnach viel Frohsinn haben.
Liebe: Mit Ihrer Partnerschaft werden Sie sehr zufrieden sein. Wenn Sie als Single auf Partnersuche sind, werden Sie gutgelaunt auf andere Menschen zugehen und diese mit Ihrer guten Laune aufheitern.
Geld: Sie werden sehr locker sein, weil es nichts Finanzielles gibt, wo Sie sich Sorgen machen müssten. Auch ist die Wahrscheinlichkeit sehr groß, dass Sie eine unverhoffte finanzielle Überraschung erleben.

Karte Nr.17 in Verbindung mit:

Nr.01 oder Nr.02: Eine freudige Überraschung kommt auf Sie zu.
Nr.03: Freude und Überraschung in der Partnerschaft.
Nr.04: Fröhlicher Freundes- und Bekanntenkreis, Party.
Nr.05: Ein älterer Mann ist sehr heiter und wird Ihnen auch eine freudige Überraschung bereiten.
Nr.06: Eine ältere Frau ist sehr heiter und wird Ihnen auch eine freudige Überraschung bereiten.
Nr.07: Heitere Gespräche, freudige Nachricht.
Nr.08: Ein dummer Streich.
Nr.09: Eine Veränderung wird sehr positiv.

Nr.10: Freudige Reise, viel Spaß auf Reisen oder Spaß mit dem Auto.

Nr.11: Eine angenehme finanzielle Überraschung.

Nr.12: Eine jüngere Frau ist sehr heiter und wird Ihnen auch eine freudige Überraschung bereiten.

Nr.13: Firma hat ein hervorragendes Betriebsklima.

Nr.14: Belastungen und kleine körperliche Beschwerden gehen wieder schnell vorbei.

Nr.15: Überraschung in der Liebe.

Nr.16: Positive Gedanken.

Nr.18: Überraschende Neuigkeiten bereichern den Alltag.

Nr.19: Beinaheunfall, kann auch ein freudiger Schrecken sein.

Nr.20: Ein Haus oder Verwandtschaft mit viel Freude und Optimismus.

Nr.21: Eine Wohnung oder Familie mit viel Freude und Optimismus.

Nr.22: Ein jüngerer Mann ist sehr heiter und wird Ihnen auch eine freudige Überraschung bereiten.

Nr.23: Positive und optimistische Entscheidungen.

Nr.24: Freude und Optimismus gehen wieder verloren.

Nr.25: Berufliche Stellung ist positiv.

Nr.26: Freude, Glück und Zufriedenheit. Besser könnte es nicht mehr sein.

Nr.27: Ein gutes Angebot.

Nr.28: Freude und Optimismus bleiben noch ein paar Monate bestehen.

Nr.29: Freude und Optimismus werden auch in Zukunft bleiben.

Nr.30: Ein Streit geht wieder schnell vorbei.

Nr.31: Eine Erkrankung wird wieder schnell vorübergehen.

Nr.32: Sorgen sind alle unbegründet und gehen wieder schnell vorbei.

Nr.33: Mitmenschen treiben Schabernack.

Nr.34: Freude im Beruf, gute Zusammenarbeit.

Nr.35: Freude und Optimismus bleiben noch jahrelang bestehen.

Nr.36: Optimistische Träume und Vorstellungen, rege Phantasie.

Karte Nr.18 Ein kleines Kind

 **Beschreibung:** Diese Karte zeigt Neuigkeiten, die in einem bestimmten Lebensbereich überraschend auftreten können. Auch symbolisiert sie ein Kind oder die Begriffe Neu oder Erneuerung.

Tageskarte: Heute werden Sie einen Tag haben, der voller Überraschungen und Neuigkeiten ist. Wenn Sie in einem bestimmten Lebensbereich etwas Neues ausprobieren möchten, sollten Sie heute schon damit beginnen.

Personeneigenschaft: Offen, neugierig
Beruf: Im Beruf wird es Erneuerungen geben. Dies könnte eine neue Abteilung, neue Tätigkeit oder auch eine Umstrukturierung sein.
Liebe: In Ihre Partnerschaft kommen neue Impulse. Als Single sollten Sie damit rechnen, dass bald eine neue Partnerschaft auf Sie zukommt.
Geld: Im finanziellen Bereich werden Sie neue Impulse bekommen. Dies könnte unter anderem eine kleine Geldsumme sein, mit der Sie nicht gerechnet haben.

Karte Nr.18 in Verbindung mit:

Nr.01 oder Nr.02: Es kommen Neuigkeiten auf Sie zu. Kann auch ein Kind sein.
Nr.03: Neuigkeiten in der Partnerschaft, eine neue Partnerschaft.
Nr.04: Neue Freunde und Bekannte.
Nr.05: Ein älterer Mann hat Neuigkeiten.
Nr.06: Eine ältere Frau hat Neuigkeiten.
Nr.07: Überraschung, Neuigkeit.
Nr.08: Falsche Neuigkeiten, neue Lügen.
Nr.09: Spontane und neue Veränderungen.
Nr.10: Eine neue Reise, neues Auto.
Nr.11: Neuer Geldzufluss, neue Geldquelle.
Nr.12: Eine jüngere Frau hat Neuigkeiten.

Nr.13: Firma hat wichtige Erneuerungen.

Nr.14: Neue Belastungen.

Nr.15: Eine neue Liebe.

Nr.16: Gedanken wegen einem Neuanfang.

Nr.17: Überraschende Neuigkeiten bereichern den Alltag.

Nr.19: Neuigkeiten, die einen Schreck hervorrufen.

Nr.20: Neuigkeiten im Haus (Renovierung, Umbau), Neuigkeiten durch die Verwandtschaft.

Nr.21: Neuigkeiten in der Wohnung (Renovierung), Neuigkeiten durch die Familie.

Nr.22: Ein jüngerer Mann hat Neuigkeiten.

Nr.23: Eine Entscheidung, um etwas Neues zu beginnen.

Nr.24: Eine Neubeginn würde viele Verluste zur Folge haben.

Nr.25: Neuer Beruf, Fortbildungsmaßnahme.

Nr.26: Neues Glück, Neuigkeiten bringen Glück.

Nr.27: Neues Angebot, neuer Vertrag.

Nr.28: In paar Monaten kommen Neuigkeiten.

Nr.29: Neuigkeiten werden verschwiegen.

Nr.30: Neue Streitereien.

Nr.31: Neue Erkrankungen.

Nr.32: Neue Sorgen.

Nr.33: Neue Betrügereien.

Nr.34: Neue berufliche Tätigkeit.

Nr.35: Wichtige Neuigkeiten kommen erst in ein paar Jahren. In ein paar Jahren kommt ein Neuanfang.

Nr.36: Pläne für einen Neubeginn sind sehr unrealistisch und werden deshalb wieder verworfen.

Karte Nr.19 Ein Todesfall

 **Beschreibung:** Die Karte symbolisiert, dass eine Lebensphase oder Situation beendet wird. Auch werden mit ihr negative Situationen angezeigt, die einen Schrecken zur Folge haben. Allerdings zeigt die Karte nur in den wenigsten Fällen den Tod an.

Tageskarte: Heute werden Sie eine sehr negative Denkweise haben. Auch zeigt die Karte oft einen Unfall an. Deshalb wäre es ratsam, wenn Sie heute etwas vorsichtiger sind.

Personeneigenschaft: Sehr negativ eingestellt
Beruf: Beruflich werden Sie durch eine äußerst negative Situation einen riesigen Schreck bekommen. Zusätzlich sollten Sie vorsichtiger sein, da Sie in der nächsten Zeit unfallgefährdet sind.
Liebe: In der Liebe wird es große Umbrüche geben, dabei kann es auch sein, dass die Partnerschaft aufgelöst wird. Als Single werden Sie durch ein unerwartetes und negatives Ereignis enttäuscht und auch seelisch erschüttert.
Geld: Durch ein schlimmes Ereignis werden Sie finanziell profitieren. Dies könnte z.B. die Unfallversicherung oder in manchen Fällen auch eine Erbschaft sein.

Karte Nr.19 in Verbindung mit:

Nr.01 oder Nr.02: Sie bekommen einen Schrecken oder einen Unfall. Sie haben negative Einstellungen, mit denen Sie sich unnötig belasten.
Nr.03: Trennung, Auflösung der Partnerschaft.
Nr.04: Vorsicht vor Ihren Freunden und Bekannten, denn diese könnten Ihnen einen Schaden zufügen.
Nr.05: Ein älterer Mann wird Ihnen einen Schaden bereiten. Deshalb ist es für Sie ratsam, in Zukunft etwas vorsichtiger zu sein.
Nr.06: Eine ältere Frau wird Ihnen einen Schaden bereiten. Deshalb ist es für Sie ratsam, in Zukunft etwas vorsichtiger zu sein.

Nr.07: Hiobsbotschaft, schockierende und schlimme Nachricht. In den allerwenigstens Fällen wird jedoch eine Todesnachricht vorhergesagt.

Nr.08: Wegen einer Lüge Angst bekommen. Wegen einer Lüge einen seelischen und moralischen Schaden bekommen.

Nr.09: Plötzliche Veränderungen, die nicht empfehlenswert sind und sehr negativ enden.

Nr.10: Unfall auf einer Reise, Unfall mit dem Auto.

Nr.11: Geldzufluss nach einem schicksalhaften Ereignis (z.B. Erbschaft Unfallversicherung).

Nr.12: Eine jüngere Frau wird Ihnen einen Schaden bereiten. Deshalb ist es für Sie ratsam, in Zukunft etwas vorsichtiger zu sein.

Nr.13: Der Firma geht es sehr schlecht.

Nr.14: Belastungen und leichte körperliche Beschwerden werden sich akut verschlimmern und sollten deshalb vom Arzt behandelt werden.

Nr.15: Das Ende der Liebe.

Nr.16: Negative Gedanken, Trennungsgedanken, Ängste.

Nr.17: Beinaheunfall, kann auch ein freudiger Schrecken sein.

Nr.18: Neuigkeiten, die einen Schreck hervorrufen.

Nr.20: Unglück oder Unfall im Haus.

Nr.21: Unglück oder Unfall in der Wohnung.

Nr.22: Ein jüngerer Mann wird Ihnen einen Schaden bereiten. Deshalb wäre es für Sie ratsam, in Zukunft etwas vorsichtiger zu sein.

Nr.23: Eine schicksalhafte Entscheidung (z.B. Trennung).

Nr.24: Verluste rufen einen großen Schreck hervor.

Nr.25: Berufliche Verluste.

Nr.26: Glück im Unglück.

Nr.27: Ein anfangs positives Angebot wird nachher sehr negativ sein. Angebot wird daher abgelehnt.

Nr.28: Ein Schreck oder eine Trennung in wenigen Monaten.

Nr.29: Angst vor negativen und schicksalhaften Ereignissen.

Nr.30: Heftige Auseinandersetzungen.

Nr.31: Ernste Erkrankung.

Nr.32: Sorgen wegen einem Unglück.

Nr.33: Betrügereien rufen einen großen Schaden hervor.

Nr.34: Das Ende der beruflichen Tätigkeit.

Nr.35: Negative Ereignisse werden noch einige Jahre andauern.

Nr.36: Starke negative Denkweise, die unbegründet ist.

Karte Nr.20 Haus

Beschreibung: Diese Karte zeigt ein Gebäude an. Meistens ist es das Haus, in dem man selber wohnt. Auch symbolisiert sie die Verwandtschaft und die Stabilität im Alltag.

Tageskarte: Heute werden Sie seelisch stabil und ausgeglichen sein. Auch ist bei dieser Tageskarte die Wahrscheinlichkeit groß, dass Sie interessante Gespräche mit Ihren Verwandten haben.

Personeneigenschaft: Seelisch stabil und ausgeglichen
Beruf: Wegen der Arbeitslosigkeit brauchen Sie sich in Zukunft keine Sorgen zu machen, denn schließlich wird Ihr Job sehr stabil und sicher bleiben.
Liebe: Ihre Partnerschaft bleibt stabil. Als Single brauchen Sie sich keine Sorgen zu machen, weil Ihre nächste Beziehung sicher und dauerhaft sein wird.
Geld: Für ein Haus werden Sie viel Geld investieren. Wenn Sie jedoch kein Haus haben und in Zukunft auch keines erwerben möchten, besagt die Karte, dass Ihre Finanzen in Zukunft sehr stabil bleiben.

Karte Nr.20 in Verbindung mit:

Nr.01 oder Nr.02: Sie werden seelisch stabil sein. Bald haben Sie ein Haus.
Nr.03: Diese Partnerschaft ist stabil.
Nr.04: Geselliges Treffen im Haus, Familientreffen.
Nr.05: Ein älterer Mann ist sehr familiär und hat auch ein Vermögen.
Nr.06: Eine ältere Frau ist sehr familiär und hat auch ein Vermögen.
Nr.07: Gespräche und Schriftstücken in Bezug zu einem Haus.
Nr.08: Unehrliche Verwandte, Unehrlichkeiten wegen einem Haus.
Nr.09: Veränderungen, Renovierungsarbeiten am Haus. Kann auch ein Umzug sein.

Nr.10: Ferienhaus. Reise zur Verwandten.

Nr.11: Geldinvestition für ein Haus.

Nr.12: Eine jüngere Frau ist sehr familiär und hat auch ein Vermögen.

Nr.13: Firmengebäude. Ein Haus hat Sicherheiten.

Nr.14: Ein Haus hat leichte Mängel.

Nr.15: Stabile Liebe.

Nr.16: Gedanken wegen dem Haus oder wegen der Verwandten.

Nr.17: Ein Haus oder Verwandtschaft mit viel Freude und Optimismus.

Nr.18: Neuigkeiten im Haus (Renovierung, Umbau), Neuigkeiten durch die Verwandtschaft.

Nr.19: Unglück oder Unfall im Haus.

Nr.21: Die Wohnung ist in einem anständigen Haus.

Nr.22: Ein jüngerer Mann ist sehr familiär und hat auch ein Vermögen.

Nr.23: Eine Entscheidung wegen einem Haus, oder eine Entscheidung wegen der Verwandten treffen.

Nr.24: Verluste im Haus oder Kontaktverlust zu einzelnen Verwandten.

Nr.25: Ein sehr altes Haus, Verwandtschaft ist gut gebildet oder hat ein hohes Ansehen.

Nr.26: Glück wegen einem Haus, Glück durch Verwandte.

Nr.27: Kaufangebot für ein Haus oder auch ein gutes Angebot von den Verwandten.

Nr.28: In ein paar Monaten mit einem Haus konfrontiert werden.

Nr.29: Das Haus bleibt bestehen, Einsamkeit im Haus.

Nr.30: Krach wegen einem Haus oder Krach mit den Verwandten.

Nr.31: Ein Haus mit Mängeln oder Krankheit in der Verwandtschaft.

Nr.32: Sorgen wegen einem Haus. Sorgen durch die Verwandtschaft.

Nr.33: Betrügereien wegen einem Haus, Betrug durch Verwandte.

Nr.34: Arbeiten am Haus. Hilfe innerhalb der Verwandtschaft.

Nr.35: Mehrere Jahre mit einem Haus konfrontiert werden. Ferienhaus im Ausland.

Nr.36: Pläne wegen einem Haus werden sehr unrealistisch sein. Wenn kein Haus geplant wird, sind einige der Verwandten sehr unrealistisch und werden deshalb kaum ernst genommen.

Karte Nr.21 Wohnzimmer

 **Beschreibung:** Die Karte symbolisiert nicht nur die eigene Wohnung, sondern alle Menschen aus der engsten Familie die zusammen wohnen.

Tageskarte: Heute haben Sie einen sehr starken Familiensinn und sehnen sich nach Gemütlichkeit und Ruhe in den eigenen vier Wänden.

Personeneigenschaft: Gemütlich, bequem, familiär
Beruf: Auf Ihrer Arbeit wird es in Zukunft etwas gemütlicher und auch familiärer sein.
Liebe: Ihre Partnerschaft wird in Zukunft sehr gemütlich und familiär werden. Als Single werden Sie in Zukunft ebenfalls gemütlich werden und haben deshalb kaum das Bedürfnis, um sich für den Aufbau einer Partnerschaft einzusetzen und einen lieben Menschen kennen zu lernen.
Geld: Demnächst werden Sie für Ihre Wohnung investieren.
Wenn Sie aber keine Investition geplant haben, wird es im Bereich der Finanzen sehr ruhig bleiben.

Karte Nr.21 in Verbindung mit:

Nr.01 oder Nr.02: Sie werden Ihre heimische Atmosphäre bevorzugen.
Nr.03: Die Partnerschaft ist familiär. Auch kann die Kartenkombination anzeigen, dass die Partnerschaft nur in den eigenen vier Wänden gelebt wird (eingeengt).
Nr.04: Geselliges Treffen in der Wohnung oder auch ein gemütliches Beisammensein mit Freunden und Bekannten.
Nr.05: Ein älterer Mann ist häuslich und sehr gemütlich.
Nr.06: Eine ältere Frau ist häuslich und sehr gemütlich.
Nr.07: Gespräche und Schriftstücken in Bezug zu einer Wohnung.
Nr.08: Unehrlichkeiten im engsten Familienkreis.

Nr.09: Veränderungen, Renovierungsarbeiten in der Wohnung. Kann auch ein Umzug sein.

Nr.10: Ferienwohnung

Nr.11: Geldinvestition für eine Wohnung.

Nr.12: Eine jüngere Frau ist häuslich und sehr gemütlich.

Nr.13: Büroräume. Eine Wohnung hat Sicherheiten.

Nr.14: Eine Wohnung hat leichte Mängel.

Nr.15: Stark ausgeprägte, harmonische Liebe.

Nr.16: Gedanken um die Wohnung oder die eigene Familie.

Nr.17: Eine Wohnung oder Familie mit viel Freude und Optimismus.

Nr.18: Neuigkeiten in der Wohnung (Renovierung), Neuigkeiten durch die Familie.

Nr.19: Unglück oder Unfall in der Wohnung.

Nr.20: Die Wohnung ist in einem anständigen Haus.

Nr.22: Ein jüngerer Mann ist häuslich und sehr gemütlich.

Nr.23: Eine Entscheidung wegen der Wohnung oder wegen der Familie treffen.

Nr.24: In der Wohnung oder auch im engsten Familienkreis wird es Verluste geben.

Nr.25: Wohnung wird beruflich genutzt.

Nr.26: Ein glückliches Zuhause, eine glückliche Familie.

Nr.27: Ein Mietvertrag.

Nr.28: In wenigen Monaten gibt es etwas Neues oder eine Veränderung im wohnlichen Bereich.

Nr.29: Einsamkeit in der Wohnung, Familie ist sehr einengend.

Nr.30: Streit im engsten Familienkreis.

Nr.31: Krankheiten im engsten Familienkreis, Wohnung hat Mängel.

Nr.32: Sorgen in der Familie, Sorgen wegen der Wohnung.

Nr.33: Negative Gedanken in der Wohnung oder in der Familie.

Nr.34: Renovierungsarbeiten, perfekte Arbeitsteilung im Haushalt.

Nr.35: Wohnung bleibt noch mehrere Jahre bestehen. Kann aber auch eine Ferienwohnung anzeigen.

Nr.36: Träumereien und Phantasien in den eigenen vier Wänden. Eine Wohnung im Ausland.

Karte Nr.22 Wohnzimmer

Beschreibung: Die Karte symbolisiert eine junge männliche Person. Es kann sich um den eigenen Sohn, Enkel, Freund oder Bruder handeln.
Es kann jedoch auch ein Mann sein, der nicht mehr so jung ist, aber durch sein Erscheinungsbild und sein Verhalten dennoch jünger wirkt.

Tageskarte: Heute werden Sie sehr diszipliniert sein und sich einen festen Tagesplan setzen, um Ihren Verpflichtungen nachzukommen.

Personeneigenschaft: Diszipliniert, geradlinig
Beruf: Auf der Arbeit wird es in Zukunft disziplinierter und strenger sein. Es besteht auch die Möglichkeit, dass der Arbeitsablauf von einer jüngeren männlichen Person bestimmt wird.
Liebe: Für den Erhalt Ihrer Partnerschaft werden Sie feste Grundsätze habe, von denen Sie nicht abweichen. Als Single treten Sie diszipliniert und selbstbewusst auf und können dadurch das andere Geschlecht von Ihren guten Seiten überzeugen.
Geld: Im finanziellen Bereich sind Sie ebenfalls sehr diszipliniert und lassen sich von Ihren Mitmenschen bei Geldausgaben nur sehr schwer manipulieren.

Karte Nr.22 in Verbindung mit:

Nr.01 oder Nr.02: Sie und ein jüngerer Mann.
Nr.03: Dieser junge Mann hat eine Partnerschaft.
Nr.04: Ein jüngerer Mann ist gesellig, ein Treffen mit einem jüngeren Mann.
Nr.05: Ein älterer Mann mit einem Jungen. Kann beispielsweise Vater und Sohn oder Opa und Enkelsohn darstellen.
Nr.06: Eine ältere Frau mit einem jungen Mann. Kann beispielsweise Mutter und Sohn darstellen oder auch ein Paar, bei der sie viel älter ist als der Partner.

Nr.07: Ein jüngerer Mann ist gesprächig. Gespräche mit einem jungen Mann führen.

Nr.08: Ein junger Mann ist unehrlich. Er nimmt es mit der Wahrheit nicht sehr genau.

Nr.09: Ein jüngerer Mann kommt von einem anderen Ort.

Nr.10: Ein junger Mann ist reisefreudig und viel unterwegs.

Nr.11: Ein jüngerer Mann ist vermögend und hat viel Geld.

Nr.12: Eine jüngere Frau mit einem jungen Mann.

Nr.13: Ein jüngerer Mann hat Sicherheiten.

Nr.14: Ein jüngerer Mann ist kränklich und wenig belastbar.

Nr.15: Ein jüngerer Mann ist verliebt oder er ist nett und liebenswert.

Nr.16: Ein jüngerer Mann ist viel am Grübeln und schmiedet Pläne.

Nr.17: Ein jüngerer Mann ist sehr heiter und wird Ihnen auch eine freudige Überraschung bereiten.

Nr.18: Ein jüngerer Mann hat Neuigkeiten.

Nr.19: Ein jüngerer Mann wird Ihnen einen Schaden bereiten. Deshalb wäre es für Sie ratsam, in Zukunft etwas vorsichtiger zu sein.

Nr.20: Ein jüngerer Mann ist sehr familiär und hat auch ein Vermögen.

Nr.21: Ein jüngerer Mann ist häuslich und sehr gemütlich.

Nr.23: Ein jüngerer Mann trifft eine Entscheidung. Diese Kombination kann aber auch einen Richter anzeigen.

Nr.24: Ein jüngerer Mann geht wieder weg oder hat Verluste.

Nr.25: Ein jüngerer Mann ist sehr gebildet oder hat ein gutes Ansehen. Diese Kombination kann auch eine Amtsperson anzeigen.

Nr.26: Ein jüngerer Mann bringt Ihnen Glück.

Nr.27: Ein jüngerer Mann macht Ihnen ein interessantes Angebot.

Nr.28: Ein jüngerer Mann ist sehr geduldig.

Nr.29: Ein jüngerer Mann ist sehr einsam.

Nr.30: Ein jüngerer Mann ist streitsüchtig. Diese Kombination besagt aber auch, dass Sie mit diesem Mann Streit bekommen.

Nr.31: Ein jüngerer Mann ist krank.

Nr.32: Ein jüngerer Mann hat Sorgen.

Nr.33: Ein jüngerer Mann wird Ihnen Ärger bereiten, weil er nur an sein eigenes Wohl bedacht ist.

Nr.34: Ein jüngerer Mann ist fleißig und hat Arbeiten zu erledigen.

Nr.35: Der Kontakt zu einem jüngeren Mann bleibt noch bestehen.

Nr.36: Ein jüngerer Mann ist verträumt und wirkt dadurch weltfremd.

Karte Nr.23 Gericht

 **Beschreibung:** Diese Karte zeigt Entscheidungen an, die noch zu treffen sind. Je nach Fragestellung zeigt sie aber auch das Gericht.

Tageskarte: Wenn Sie diese Tageskarte ziehen, werden Sie äußerst entscheidungsfreudig sein und diese Entscheidungen innerhalb kürzester Zeit in die Praxis umsetzen. Auch besagt die Karte, dass heute eine wichtige Entscheidung ansteht, die Sie und Ihren Alltag umkrempeln könnte.

Personeneigenschaft: Fair und gerecht
Beruf: Im Beruf wird Gerechtigkeit und Fairness eine große Rolle spielen. Wenn Sie ehrgeizig und gewissenhaft arbeiten, brauchen Sie sich deshalb keine Sorgen um die Arbeitslosigkeit zu machen.
Liebe: In der Partnerschaft wird Gerechtigkeit und Fairness eine große Rolle spielen. Als Single werden Sie eine Entscheidung treffen müssen, mit wem Sie bereit sind, eine Partnerschaft einzugehen.
Geld: Im finanziellen Bereich müssen Sie eine Entscheidung treffen. Es kann sich dabei um eine Anlage- oder eine Kaufentscheidung handeln.

Karte Nr.23 in Verbindung mit:

Nr.01 oder Nr.02: Bald werden Sie eine wichtige Entscheidung haben.
Nr.03: Eine Entscheidung wegen einer Partnerschaft treffen. Wenn die Partnerschaft besteht, kann diese Kombination das Scheidungsgericht anzeigen.
Nr.04: Eine Entscheidung wegen dem Freundes- und Bekanntenkreis treffen.
Nr.05: Ein älterer Mann muss demnächst eine Entscheidung treffen, die von großer Bedeutung ist.
Nr.06: Eine ältere Frau muss demnächst eine Entscheidung treffen, die von großer Bedeutung ist.
Nr.07: Gespräche, Nachricht, in der eine Entscheidung mitgeteilt wird.

Nr.08: Es wird eine falsche Entscheidung getroffen.

Nr.09: Eine Entscheidung oder Entschluss zur Veränderung.

Nr.10: Sich zu einer Reise entscheiden.

Nr.11: Eine finanzielle Entscheidung wird getroffen.

Nr.12: Eine jüngere Frau muss demnächst eine Entscheidung treffen, die von großer Bedeutung ist.

Nr.13: Firma hat eine wichtige Entscheidung.

Nr.14: Entscheidung wird belastend sein oder eine Entscheidung wegen Belastungen treffen.

Nr.15: Eine Entscheidung in der Liebe.

Nr.16: Gedanken wegen einer Entscheidung.

Nr.17: Positive und optimistische Entscheidungen.

Nr.18: Eine Entscheidung, um etwas Neues zu beginnen.

Nr.19: Eine schicksalhafte Entscheidung (z.B. Trennung).

Nr.20: Eine Entscheidung wegen einem Haus, oder eine Entscheidung wegen der Verwandten treffen.

Nr.21: Eine Entscheidung wegen der Wohnung oder wegen der Familie treffen.

Nr.22: Ein jüngerer Mann trifft eine Entscheidung. Diese Kombination kann aber auch einen Richter anzeigen.

Nr.24: Eine Entscheidung wird wieder verworfen.

Nr.25: Eine Entscheidung wegen Umschulung oder Fortbildung treffen.

Nr.26: Positive Entscheidungen, Entscheidungen bringen Glück.

Nr.27: Entscheidung wegen einem Angebot.

Nr.28: In wenigen Monaten wird eine Entscheidung zu treffen sein.

Nr.29: Unsicherheit wegen einer Entscheidung.

Nr.30: Eine Entscheidung wegen einem Streit.

Nr.31: Aus gesundheitlichen Gründen eine Entscheidung treffen.

Nr.32: Eine Entscheidung bereitet Kummer.

Nr.33: Eine Entscheidung wegen einem Betrug treffen.

Nr.34: Eine berufliche Entscheidung.

Nr.35: Wichtige und einschneidende Entscheidungen kommen erst in eine paar Jahren.

Nr.36: Eine Entscheidung führt zu keinem Ergebnis.

Karte Nr.24 Diebstahl

Beschreibung: Diese Karte zeigt Verluste an, die aber nicht unbedingt finanzieller oder materieller Art sein müssen. Es können z.B. Verluste Ihrer Freundschaften oder der Pläne und Vorhaben sein.

Tageskarte: Bei dieser Tageskarte werden Sie das Gefühl haben, Verluste zu bekommen. Auch ist die Wahrscheinlichkeit sehr groß, dass Sie Gegenstände verlegen und diese nicht mehr finden können.

Personeneigenschaft: Seelisch labil, schwache Persönlichkeit
Beruf: Auf der Arbeit sollten Sie in der nächsten Zeit immer Ihren Verpflichtungen korrekt nachgehen und ein gutes Verhältnis zu Ihren Vorgesetzten pflegen. Nur so haben Sie eine Sicherheit, wenn in Ihrer Firma Arbeitsplätze abgebaut werden.
Liebe: Die Gefahr ist groß, dass in der Partnerschaft Gefühle verloren gehen. Als Single werden Sie ebenfalls gefühlsmäßige Verluste haben und sich vor Ihren Vorstellungen und Träumen verabschieden müssen.
Geld: Hüten Sie sich vor finanziellen Verlusten und seien Sie etwas achtsamer, wenn Sie Einkäufe erledigen möchten.

Karte Nr.24 in Verbindung mit:

Nr.01 oder Nr.02: Bald werden Sie Verluste haben.
Nr.03: Diese Partnerschaft wird aufgelöst.
Nr.04: Verlust von Freunden und Bekannten.
Nr.05: Ein älterer Mann wird Verluste haben, Kontakt zu einem älteren Mann verlieren.
Nr.06: Eine ältere Frau wird Verluste haben, Kontakt zu einer älteren Frau verlieren.
Nr.07: Ein wichtiges Gespräch kommt nie zustande, eine sehr wichtige Nachricht wird niemals oder viel zu spät ankommen.
Nr.08: Verluste wegen einer Lüge. Eine Lüge wird verdrängt.

Nr.09: Eine Veränderung bringt nur Verluste.

Nr.10: Verluste auf einer Reise, Verluste am Auto.

Nr.11: Finanzielle Verluste.

Nr.12: Eine jüngere Frau wird Verluste haben, Kontakt zu einer älteren Frau verlieren.

Nr.13: Firma wird Verluste haben.

Nr.14: Belastungen und leichte Erkrankungen gehen schnell vorüber.

Nr.15: Verlust in der Liebe.

Nr.16: Gedanken und Pläne werden wieder verworfen.

Nr.17: Freude und Optimismus gehen wieder verloren.

Nr.18: Eine Neubeginn würde viele Verluste zur Folge haben.

Nr.19: Verluste rufen einen großen Schreck hervor.

Nr.20: Verluste im Haus oder Kontaktverlust zu einzelnen Verwandten.

Nr.21: In der Wohnung oder auch im engsten Familienkreis wird es Verluste geben.

Nr.22: Ein jüngerer Mann geht wieder weg oder hat Verluste.

Nr.23: Eine Entscheidung wird wieder verworfen.

Nr.25: Der berufliche Status geht verloren, Arbeitslosigkeit droht.

Nr.26: Trotz Verluste bleibt das Glück erhalten.

Nr.27: Ein Angebot oder Vertrag wird wieder verworfen.

Nr.28: Verluste werden in ein paar Monaten überwunden sein.

Nr.29: Angst vor Verlusten.

Nr.30: Streitigkeiten werden sehr schnell beendet.

Nr.31: Krankheit geht wieder vorbei.

Nr.32: Sorgen werden beendet.

Nr.33: Betrügereien bringen Verluste.

Nr.34: Verlust des Arbeitsplatzes droht.

Nr.35: Ein Verlust macht sich noch ein paar Jahre bemerkbar.

Nr.36: Ein Verlust wird nicht so schlimm sein, wie anfangs befürchtet.

Karte Nr.25 Zu hohen Ehren kommen

Beschreibung: Diese Karte symbolisiert Bildung, Erfahrung, Anerkennung in der Gesellschaft und oft auch die Behörde.
Ebenso wird mit ihr ein hohes Alter angezeigt, da es mit Erfahrung und Weisheit gleichgesetzt wird.

Tageskarte: Bei dieser Karte werden Sie heute einen guten Ruf und auch Anerkennung von Ihren Mitmenschen erhalten.

Personeneigenschaft: Stolz, Reife und gute Bildung
Beruf: Auf der Arbeit werden Sie durch Ihre berufliche Erfahrung einen guten Ruf und somit auch viel Anerkennung genießen.
Liebe: Ihre Partnerschaft baut auf sehr viel Reife. Als Single werden Sie Interesse an jemandem haben, den Sie schon sehr lange kennen und ihn von seinen persönlichen Eigenschaften sehr gut einschätzen können.
Geld: Ihre Finanzen werden Sie über einen längeren Zeitraum planen, mit dem Ziel, hohe Spar- und Zinserträge einzuholen.

Karte Nr.25 in Verbindung mit:

Nr.01 oder Nr.02: Sie werden Anerkennung bekommen. Kann aber auch eine Behörde sein, mit der Sie in Zukunft konfrontiert werden.
Nr.03: Eine Partnerschaft, die von vielen Mitmenschen geschätzt und anerkannt wird.
Nr.04: Stabile Freundschaften, Vorladung zu einer Behörde.
Nr.05: Ein älterer Mann hat ein sehr hohes Alter, bzw. ist gebildet und hat einen besonderen beruflichen Status.
Nr.06: Eine ältere Frau hat ein sehr hohes Alter, bzw. ist gebildet und hat einen besonderen beruflichen Status.
Nr.07: Zeugnis, Urkunde, Brief von einer Behörde.
Nr.08: Ungerechtigkeiten im Beruf oder von einer Behörde.
Nr.09: Eine Veränderung der beruflichen Stellung (z.B. Beförderung).

Nr.10: Bildungsreise, sehr altes Auto.

Nr.11: Eine langfristige Kapitalanlage (z.B. Versicherung).

Nr.12: Eine jüngere Frau ist gebildet und hat einen guten beruflichen Status.

Nr.13: Firma ist ein sehr großer Konzern oder arbeitet hauptsächlich mit Geldanlagen.

Nr.14: Belastungen und leichte Erkrankungen werden chronisch.

Nr.15: Die Liebe baut auf Reife und Erfahrung aus.

Nr.16: Gedanken und Pläne wegen beruflicher Verbesserung.

Nr.17: Berufliche Stellung ist positiv.

Nr.18: Neuer Beruf, Fortbildungsmaßnahme.

Nr.19: Berufliche Verluste.

Nr.20: Ein sehr altes Haus, Verwandtschaft ist gut gebildet oder hat ein hohes Ansehen.

Nr.21: Wohnung wird beruflich genutzt.

Nr.22: Ein jüngerer Mann ist sehr gebildet oder hat ein gutes Ansehen. Diese Kombination kann auch eine Amtsperson anzeigen.

Nr.23: Eine Entscheidung wegen Umschulung oder Fortbildung treffen.

Nr.24: Der berufliche Status geht verloren, Arbeitslosigkeit droht.

Nr.26: Beruflicher Erfolg durch gute Ausbildung.

Nr.27: Neues berufliches Angebot.

Nr.28: Beruflich soll nichts überstürzt werden, weil sich in wenigen Monaten die Ansichten und Meinungen ändern.

Nr.29: Berufliche Angst und Unsicherheit.

Nr.30: Nervliche Überforderung, die auch Aggressionen auslösen kann.

Nr.31: Körperliche und seelische Belastung im Beruf. Kann aber auch in vielen Fällen eine chronische Krankheit anzeigen.

Nr.32: Berufliche Sorgen.

Nr.33: Mobbing von Kollegen.

Nr.34: Gutes Ansehen im Beruf.

Nr.35: Gutes Ansehen (hauptsächlich im Beruf) bleibt noch lange Zeit bestehen.

Nr.36: Gutes Ansehen weit über dem Bildungsgrad hinaus.

Karte Nr.26 Großes Glück

 **Beschreibung:** Diese Karte zeigt das Glück an. Zusätzlich werden durch sie alle negativen Karten abgeschwächt und die positiven gestärkt.

Tageskarte: Bei dieser Karte haben Sie heute einen Glückstag. Dies wird sich auch in der guten Laune bemerkbar machen. Alles was Sie heute anpacken, wird Ihnen gelingen.

Personeneigenschaft: Positiv denkend, optimistisch
Beruf: Auf der Arbeit werden Sie längere Zeit eine Glücksphase haben, die Sie für schwierige Vorhaben (z.B. Aufstieg) nutzen sollten.
Liebe: Ihre Partnerschaft wird Sie durch sehr viele glückliche Momente bereichern und könnte nicht mehr besser laufen. Sollten Sie als Single auf Partnersuche sein, haben Sie beste Chancen, um den Partner Ihres Lebens kennen zu lernen und mit ihm glücklich zu werden.
Geld: Sie haben die besten Chancen, um Ihr Geld gewinnbringend anzulegen und die richtige finanzielle Entscheidung zu treffen. Auch sollten Sie es sich nicht nehmen, um hin und wieder mal in der Lotterie mitzuspielen.

Karte Nr.26 in Verbindung mit:

Nr.01 oder Nr.02: Sie werden in Zukunft viel Glück haben.
Nr.03: Glück in der Partnerschaft.
Nr.04: Ihre Freunde bringen Ihnen Glück.
Nr.05: Ein älterer Mann bringt Ihnen viel Glück.
Nr.06: Eine ältere Frau bringt Ihnen viel Glück.
Nr.07: Überraschung, freudige Nachricht.
Nr.08: Glücklicher Ausgang wegen einer Lüge.
Nr.09: Eine Veränderung bringt sehr viele Vorteile.
Nr.10: Glückliche Reise, guter Autokauf.

Nr.11: Glück im finanziellen Bereich.

Nr.12: Eine jüngere Frau bringt Ihnen viel Glück.

Nr.13: Firma hat viel Glück, glücklich und zufrieden in der Firma.

Nr.14: Guter Ausgang bei Belastungen und leichten Erkrankungen.

Nr.15: Glückliche Liebe.

Nr.16: Glückliche und optimistische Gedanken und Pläne, die auf jeden Fall in die Tat umgesetzt werden sollen.

Nr.17: Freude, Glück und Zufriedenheit. Besser könnte es nicht mehr sein.

Nr.18: Neues Glück, Neuigkeiten bringen Glück.

Nr.19: Glück im Unglück.

Nr.20: Glück wegen einem Haus, Glück durch Verwandte.

Nr.21: Ein glückliches Zuhause, eine glückliche Familie.

Nr.22: Ein jüngerer Mann bringt Ihnen Glück.

Nr.23: Positive Entscheidungen, Entscheidungen bringen Glück.

Nr.24: Trotz Verluste bleibt das Glück erhalten.

Nr.25: Beruflicher Erfolg durch gute Ausbildung.

Nr.27: Ein glückliches und lukratives Angebot.

Nr.28: Das große Glück kommt in ein paar Monaten.

Nr.29: Das Glück bleibt erhalten.

Nr.30: Streitereien werden wieder schnell beendet.

Nr.31: Glücklicher Ausgang bei Erkrankungen.

Nr.32: Sorgen sind unbegründet.

Nr.33: Glück bei Betrügereien.

Nr.34: Glück auf der Arbeit.

Nr.35: Das Gluck bleibt noch jahrelang bestehen.

Nr.36: Sie sollten sich nicht immer nur auf Ihr Glück verlassen.

Karte Nr.27 Unverhofftes Geld

Beschreibung: Diese Karte symbolisiert alles, was mit Verträgen, Angeboten und Unterschriften zu tun hat. Auch zeigt sie Gehaltserhöhungen oder allgemeine finanzielle Verbesserungen an, mit denen man nicht gerechnet hat.

Tageskarte: Bei dieser Tageskarte, werden Sie einen unbeschwerten und sorgefreien Tag haben. Auch ist die Wahrscheinlichkeit hoch, dass Ihnen heute jemand ein besonderes Angebot macht.

Personeneigenschaft: Wohlwollend, gutmütig
Beruf: Ihre beruflichen Zukunftsaussichten werden hervorragend sein, weil Ihre Tätigkeiten in Zukunft honoriert werden. Diese Honorierung kann in Form einer Gehaltserhöhung oder einer besseren beruflichen Stellung erfolgen.
Liebe: Ihre Partnerschaft wird sich in Zukunft verfestigen. Als Single erhalten Sie vom anderen Geschlecht ein nettes Entgegenkommen. Man gibt Ihnen damit zu verstehen, dass man Sie gerne näher kennen lernen möchte.
Geld: Finanziell verläuft alles äußerst positiv. Zwar erhalten Sie nicht unbedingt Reichtümer, doch können Sie trotzdem mit kleinen positiven Überraschungen rechnen.

Karte Nr.27 in Verbindung mit:

Nr.01 oder Nr.02: Bald werden Sie sich etwas Besonderes kaufen, oder einen wichtigen Vertrag aushandeln.
Nr.03: Ein Ehevertrag oder auch allgemein eine Hochzeit.
Nr.04: Abmachung, Vertrag oder Übereinkunft mit Ihren Freunden und Bekannten.
Nr.05: Ein älterer Mann macht Ihnen ein interessantes Angebot.
Nr.06: Eine ältere Frau macht Ihnen ein interessantes Angebot.
Nr.07: Kaufvertrag, schriftliches Angebot.

Nr.08: Ein recht zweifelhaftes Angebot.

Nr.09: Ein Angebot bzw. Vertrag krempelt das Leben um.

Nr.10: Reisevertrag, Kaufvertrag fürs Auto.

Nr.11: Ein finanzieller Vertrag wird abgeschlossen (z.B. Sparvertrag oder Kreditvertrag).

Nr.12: Eine jüngere Frau macht Ihnen ein interessantes Angebot.

Nr.13: Vertrag mit einer Firma (z.B. Arbeitsvertrag).

Nr.14: Ein Angebot wird belastend sein.

Nr.15: Ein Liebesantrag oder eine Liebesbezeugung.

Nr.16: Gedanken wegen einem Angebot oder Vertrag.

Nr.17: Ein gutes Angebot.

Nr.18: Neues Angebot, neuer Vertrag.

Nr.19: Ein anfangs positives Angebot wird nachher sehr negativ sein. Angebot wird daher abgelehnt.

Nr.20: Kaufangebot für ein Haus oder auch ein gutes Angebot von den Verwandten.

Nr.21: Ein Mietvertrag.

Nr.22: Ein jüngerer Mann macht Ihnen ein interessantes Angebot.

Nr.23: Entscheidung wegen einem Angebot.

Nr.24: Ein Angebot oder Vertrag wird wieder verworfen.

Nr.25: Neues berufliches Angebot.

Nr.26: Ein glückliches und lukratives Angebot.

Nr.28: Ein Angebot oder Vertrag wird in ein paar Monaten kommen.

Nr.29: Angebot bleibt. Sich an ein Angebot oder Vertrag klammern.

Nr.30: Streitigkeiten wegen einem Angebot oder Vertrag.

Nr.31: Ein Angebot oder Vertrag wird äußerst belastend sein. Vertrag ist nur sehr schwer zu erfüllen.

Nr.32: Verträge, Abkommen und Angebote bereiten große Sorgen.

Nr.33: Vorsicht vor Verträgen und Angeboten. Die Betrugsgefahr wird sehr groß sein.

Nr.34: Vertrag oder Angebot in einer Firma (z.B. Arbeitsvertrag oder Beförderung).

Nr.35: Ein Angebot auf lange Zeit. Ein Zeitvertrag

Nr.36: Scheinvertrag, Scheinangebot.

Karte Nr.28 Erwartung

 **Beschreibung:** Diese Karte ist eine Zeitkarte und zeigt einen Zeitraum von ein bis drei Monaten an. Auch sagt sie aus, dass Sie sich in Geduld üben sollen und noch ein paar Monate abwarten, bis Sie ein Vorhaben in Angriff nehmen.

Tageskarte: Heute sollten Sie sehr geduldig sein und nichts voreilig überstürzen. Warten Sie ab, wie sich Ihr Alltag entwickelt und treffen dann die Entscheidung, wie Sie sich verhalten sollen.

Personeneigenschaft: Ruhig und geduldig
Beruf: Auf der Arbeit werden Sie vorsichtig und überlegt handeln und sich sehr wohl überlegen, welche Aktivitäten Sie in Angriff nehmen. Dementsprechend wird die Wahrscheinlichkeit sehr gering, dass Ihnen Arbeitsfehler unterlaufen.
Liebe: Ihre Partnerschaft wird von Vorsicht geprägt. Als Single werden Sie bei der Partnersuche ebenfalls vorsichtig sein und abwarten, welche Chancen Sie erhalten um einen neuen Partner zu finden.
Geld: Bedeutende Einkäufe werden Sie in der nächsten Zeit nicht machen. Stattdessen warten Sie ab, wie sich die Preise und Angebote in den nächsten Monaten entwickeln.

Karte Nr.28 in Verbindung mit:

Nr.01 oder Nr.02: Sie werden noch etwas warten müssen (Geduld).
Nr.03: In der Partnerschaft brauchen Sie Geduld.
Nr.04: Für Ihre Freunde und Bekannte werden Sie noch einige Monate Geduld brauchen.
Nr.05: Ein älterer Mann ist sehr geduldig.
Nr.06: Eine ältere Frau ist sehr geduldig.
Nr.07: Ein wichtiges Gespräch oder eine Nachricht wird erst in ein paar Monaten kommen.
Nr.08: Eine Lüge wird noch mehrere Monate im Umlauf sein.

Nr.09: Eine Veränderung sollte erst in ein paar Monaten vorgenommen werden.

Nr.10: Bis zur Reise sind es noch ein paar Monate.

Nr.11: Für finanzielle Angelegenheiten und Entscheidungen sollte noch ein paar Monate gewartet werden.

Nr.12: Eine jüngere Frau ist sehr geduldig.

Nr.13: Firma muss abwarten und geduldig sein.

Nr.14: Belastungen und leichte Erkrankungen dauern einige Monate an.

Nr.15: In der Liebe wird sich die nächsten Monate nichts ändern.

Nr.16: Gedanken und Pläne sollten erst in 2 bis 3 Monaten umgesetzt werden.

Nr.17: Freude und Optimismus bleiben noch ein paar Monate bestehen.

Nr.18: In paar Monaten kommen Neuigkeiten.

Nr.19: Ein Schreck oder eine Trennung in wenigen Monaten.

Nr.20: In ein paar Monaten mit einem Haus konfrontiert werden.

Nr.21: In wenigen Monaten gibt es etwas Neues oder eine Veränderung im wohnlichen Bereich.

Nr.22: Ein jüngerer Mann ist sehr geduldig.

Nr.23: In wenigen Monaten wird eine Entscheidung zu treffen sein.

Nr.24: Verluste werden in ein paar Monaten überwunden sein.

Nr.25: Beruflich soll nichts überstürzt werden, weil sich in wenigen Monaten die Ansichten und Meinungen ändern.

Nr.26: Das große Glück kommt in ein paar Monaten.

Nr.27: Ein Angebot oder Vertrag wird in ein paar Monaten kommen.

Nr.29: In wenigen Monaten kommt Einsamkeit und Unsicherheit.

Nr.30: In wenigen Monaten kommt eine Auseinandersetzung.

Nr.31: Eine Krankheit, die in wenigen Monaten eintritt.

Nr.32: In wenigen Monaten kommen Sorgen.

Nr.33: In wenigen Monaten Opfer von Betrügereien werden.

Nr.34: Bald gibt es viel (körperliche) Arbeit zu erledigen.

Nr.35: Bald wird sehr viel Geduld erforderlich sein.

Nr.36: In wenigen Monaten kommen viele Träume und Phantasien oder Tätigkeiten im esoterischen Bereich.

Karte Nr.29 Gefängnis

 **Beschreibung:** Diese Karte zeigt Unsicherheiten Blockaden und Ängste an. Auch werden mit ihr Gebäude angezeigt, in denen man sich nicht frei bewegen kann (Krankenhaus Heim, Gefängnis).

Tageskarte: Heute fühlen Sie sich einsam und haben das Gefühl, von einem Mantel aus Angst und Unsicherheit umhüllt zu sein.

Personenbeschreibung: Ängstlich, zurückgezogen
Beruf: Auf der Arbeit werden Sie sehr unsicher sein und Angst haben, dass Ihnen Fehler unterlaufen könnten.
Liebe: Sie trauen sich nicht, Ihre Gefühle offen zu zeigen und möchten die Partnerschaft am liebsten verheimlichen. Als Single werden Sie starke Blockaden verspüren und es deshalb auch schwer haben, auf andere Menschen zuzugehen und diese näher kennen zu lernen.
Geld: Finanziell werden Sie in der nächsten Zeit vorsichtiger sein und nur dann Ausgaben haben, wenn Sie sich absolut sicher sind.

Karte Nr.29 in Verbindung mit:

Nr.01 oder Nr.02: Sie werden unsicher und verängstigt sein.
Nr.03: Eine einengende Partnerschaft.
Nr.04: Ihr Freundeskreis ist einengend und langweilig. Auch besagt die Kombination dass ihr Freundes- und Bekanntenkreis bestehen bleibt.
Nr.05: Ein älterer Mann ist sehr einsam.
Nr.06: Eine ältere Frau ist sehr einsam.
Nr.07: Anonyme Anrufe, geheimnisvolle Mitteilungen.
Nr.08: Heimliche Lügen und Intrigen.
Nr.09: Angst vor Veränderungen.
Nr.10: Unsicherheit während einer Reise, kann aber auch Unsicherheit im Straßenverkehr anzeigen.

Nr.11: Sparsamkeit.

Nr.12: Eine jüngere Frau ist sehr einsam.

Nr.13: In der Firma bleiben.

Nr.14: Ein Krankenhaus für leichte körperliche Erkrankungen.

Nr.15: Heimliche Liebe, an die Liebe klammern.

Nr.16: Unsicherheit, um Gedanken und Pläne umzusetzen.

Nr.17: Freude und Optimismus werden auch in Zukunft bleiben.

Nr.18: Neuigkeiten werden verschwiegen.

Nr.19: Angst vor negativen und schicksalhaften Ereignissen.

Nr.20: Das Haus bleibt bestehen, Einsamkeit im Haus.

Nr.21: Einsamkeit in der Wohnung, Familie ist sehr einengend.

Nr.22: Ein jüngerer Mann ist sehr einsam.

Nr.23: Unsicherheit wegen einer Entscheidung.

Nr.24: Angst vor Verlusten.

Nr.25: Berufliche Angst und Unsicherheit.

Nr.26: Das Glück bleibt erhalten.

Nr.27: Angebot bleibt. Sich an ein Angebot oder Vertrag klammern.

Nr.28: In wenigen Monaten kommt Einsamkeit und Unsicherheit.

Nr.30: Unsicherheit wegen Auseinandersetzungen.

Nr.31: Eine Krankheit wird sehr hartnäckig sein.

Nr.32: Sorgen bleiben bestehen.

Nr.33: Betrügereien bleiben weiterhin. Auch Einschaltung der Behörde wegen Betrug.

Nr.34: Angst vor Arbeitsfehlern.

Nr.35: Ängste und Unsicherheiten bleiben noch lange bestehen.

Nr.36: Träume und Phantasien bleiben. Gefahr von Realitätsverlust.

Karte Nr.30 Gerichtsperson

 **Beschreibung:** Die Karte zeigt Ärger durch Streit und Auseinandersetzungen und taucht überall auf, wo Gereiztheit, Stress und Nervosität herrschen.

Tageskarte: Bei dieser Karte sind Sie heute sehr gereizt. Dadurch ist die Wahrscheinlichkeit groß, dass Streitereien entstehen könnten.

Personeneigenschaft: Streitsüchtig, äußerst reizbar
Beruf: Durch Nervosität und Gereiztheit wird es auf der Arbeit öfters zu Streitereien kommen.
Liebe: In der Partnerschaft ist die Wahrscheinlich groß, dass es durch Streitereien kriseln könnte. Als Single werden Sie bei der Partnersuche sehr nervös sein und sollten deshalb zuerst versuchen, sich vom Stress und der inneren Unruhe zu befreien.
Geld: Sie klammern sich an Ihre finanzielle Vorstellungen und wollen diese mit aller Gewalt erreichen. Sollte Ihnen dabei allerdings jemand im Wege stehen, können Sie unangenehm werden und schrecken vor einer Auseinandersetzung nicht zurück.

Karte Nr.30 in Verbindung mit:

Nr.01 oder Nr.02: Streitereien und Auseinandersetzungen kommen auf Sie zu.
Nr.03: In der Partnerschaft wird es Streit und Auseinandersetzungen geben.
Nr.04: Krach im Freundes- und Bekanntenkreis.
Nr.05: Ein älterer Man ist streitsüchtig. Auch besagt die Kombination, dass Sie mit diesem Mann Streit bekommen.
Nr.06: Eine ältere Frau ist streitsüchtig. Auch besagt die Kombination, dass Sie mit dieser Frau Streit bekommen.

Nr.07: Streitgespräche, Brief vom Anwalt.

Nr.08: Streit wegen einer Lüge.

Nr.09: Streit durch Veränderungen.

Nr.10: Streit wegen einer Reise. Wut wegen dem Auto, weil Mängel vorhanden sind.

Nr.11: Streit wegen finanziellen Angelegenheiten.

Nr.12: Eine jüngere Frau ist streitsüchtig. Diese Kombination besagt aber auch, dass Sie mit dieser Frau Streit bekommen.

Nr.13: Streit in der Firma.

Nr.14: Empfindliches Nervenkostüm.

Nr.15: Streit in der Liebe.

Nr.16: Gedanken wegen Auseinandersetzungen.

Nr.17: Ein Streit geht wieder schnell vorbei.

Nr.18: Neue Streitereien.

Nr.19: Heftige Auseinandersetzungen.

Nr.20: Krach wegen einem Haus oder Krach mit den Verwandten.

Nr.21: Streit im engsten Familienkreis.

Nr.22: Ein jüngerer Mann ist streitsüchtig. Diese Kombination besagt aber auch, dass Sie mit diesem Mann Streit bekommen.

Nr.23: Eine Entscheidung wegen einem Streit.

Nr.24: Streitigkeiten werden sehr schnell beendet.

Nr.25: Nervliche Überforderung, die auch Aggressionen auslösen kann.

Nr.26: Streitereien werden wieder schnell beendet.

Nr.27: Streitigkeiten wegen einem Angebot oder Vertrag.

Nr.28: In wenigen Monaten kommt eine Auseinandersetzung.

Nr.29: Unsicherheit wegen Auseinandersetzungen.

Nr.31: Krankhafte Streitsucht.

Nr.32: Sorgen wegen einer Auseinandersetzung.

Nr.33: Betrügereien führen zu Auseinandersetzungen.

Nr.34: Streit im Beruf, Nervosität am Arbeitsplatz.

Nr.35: Eine Streit wird erst nach mehreren Jahren beigelegt.

Nr.36: Eine Auseinandersetzung, für die es keinen Grund gibt.

Karte Nr.31 kurze Krankheit

 **Beschreibung:** Die Karte zeigt Krankheiten und körperliche Mängel. Auch symbolisiert sie einen Schaden an einer materiellen Sache, wenn die dementsprechende Karte in der Nähe liegt

Tageskarte: Heute werden Sie sich körperlich und seelisch nicht so wohl fühlen und neigen auch dazu, sich bei leichteren Belastungen sehr stark herausfordern zu müssen.

Personenbeschreibung: Kränklich, sehr empfindlich
Beruf: Ihre berufliche Tätigkeit wird Sie in Zukunft körperlich belasten. Deshalb ist die Wahrscheinlichkeit sehr groß, dass Sie mit der Zeit chronische Erkrankungen bekommen und sich von einem Arzt oder Psychologen behandeln lassen müssen.
Liebe: Ihre Partnerschaft bekommt einen Tiefpunkt. Als Single werden Sie dem Liebeskummer leider nicht aus dem Weg gehen können und sollten deshalb versuchen, Niederschläge nicht so dramatisch zu sehen.
Geld: Bei Ihnen machen sich Finanzprobleme bemerkbar, die seelisch bedingt auch körperliche Beschwerden hervorrufen können.

Karte Nr.31 in Verbindung mit:

Nr.01 oder Nr.02: Bald werden Sie krank. Es wäre ratsam, zum Arzt zu gehen.
Nr.03: Diese Partnerschaft wird so belastend sein, dass Sie bald krank werden.
Nr.04: Ihre Freunde machen Sie krank. Auch besagt die Kombination, dass Ihre Freunde kränklich sind und viel jammern.
Nr.05: Ein älterer Mann ist krank.
Nr.06: Eine ältere Frau ist krank.
Nr.07: Gespräche über Krankheiten, schriftlichen Befund vom Arzt.
Nr.08: Eine Krankheit ist seelisch bedingt.

Nr.09: Krankheit durch Veränderungen.

Nr.10: Krankheit auf einer Reise. Das Auto hat schwere Mängel.

Nr.11: Finanzielle Lage macht krank. Kann auch finanzielle Einbußen wegen Krankheiten anzeigen.

Nr.12: Eine jüngere Frau ist krank.

Nr.13: Belastungen in der Firma machen krank.

Nr.14: Belastungen und leichte Erkrankungen verschlimmern sich.

Nr.15: Großer Liebeskummer.

Nr.16: Gedanken wegen Krankheiten.

Nr.17: Eine Erkrankung wird wieder schnell vorübergehen.

Nr.18: Neue Erkrankungen.

Nr.19: Ernste Erkrankung.

Nr.20: Ein Haus mit Mängeln oder Krankheit in der Verwandtschaft.

Nr.21: Krankheiten im engsten Familienkreis, Wohnung hat Mängel.

Nr.22: Ein jüngerer Mann ist krank.

Nr.23: Aus gesundheitlichen Gründen eine Entscheidung treffen.

Nr.24: Krankheit geht wieder vorbei.

Nr.25: Körperliche und seelische Belastung im Beruf. Kann aber auch in vielen Fällen eine chronische Krankheit anzeigen.

Nr.26: Glücklicher Ausgang bei Erkrankungen.

Nr.27: Ein Angebot oder Vertrag wird äußerst belastend sein. Vertrag ist nur sehr schwer zu erfüllen.

Nr.28: Eine Krankheit, die in wenigen Monaten eintritt.

Nr.29: Eine Krankheit wird sehr hartnäckig sein.

Nr.30: Krankhafte Streitsucht.

Nr.32: Sorgen wegen einer Erkrankung.

Nr.33: Vorsicht vor Quacksalbern.

Nr.34: Körperliche Probleme durch berufliche Tätigkeit.

Nr.35: Eine Krankheit wird noch mehrere Jahre andauern.

Nr.36: Eine Krankheit spielt sich nur im Kopf ab.

Achtung: An dieser Stelle möchte ich Ihnen noch den Hinweis geben, dass Wahrsagekarten nicht den Arzt ersetzen können. Deshalb sollten Sie bei psychischen und körperlichen Problemen und Erkrankungen immer einen Arzt oder Psychologen aufsuchen.

Karte Nr.32 Kummer und Widerwärtigkeiten

 **Beschreibung:** Diese Karte zeigt Probleme und Sorgen. Oft sind diese unbegründet und kommen von einer negativen Denkweise her.

Tageskarte: Bei dieser Karte werden Sie heute eine äußerst negative Denkweise haben und in vielen Alltagsbereichen ein Problem sehen, dass nur schwer zu lösen ist.

Personeneigenschaft: Schwermütig, sorgenvoll
Beruf: Auf der Arbeit werden Sie sich sehr unglücklich fühlen und viele berufliche Ereignisse negativ sehen. Durch diese negative Sichtweise werden Sie sich den beruflichen Alltag erschweren.
Liebe: In der Partnerschaft wird sich Kummer bemerkbar machen. Als Single werden Sie sich viele Sorgen machen, weil Sie noch nicht den passenden Partner gefunden haben.
Geld: Bald machen sich Kummer und Sorgen bei Ihnen bemerkbar. Sie sollten Ihre finanziellen Verhältnisse prüfen und sich konkret Gedanken machen, wie Sie Ihren finanziellen Engpass in den Griff bekommen.

Karte Nr.32 in Verbindung mit:

Nr.01 oder Nr.02: Sorgen kommen auf Sie zu.
Nr.03: Große Sorgen wegen der Partnerschaft.
Nr.04: Ihre Freunde bereiten Ihnen Sorgen, bzw. Ihre Freunde haben Sorgen.
Nr.05: Ein älterer Mann hat Sorgen.
Nr.06: Eine ältere Frau hat Sorgen.
Nr.07: Sorgenvolle Gespräche, eine Mitteilung, die Kummer bereitet.
Nr.08: Sorgen wegen einer Lüge.
Nr.09: Sorgen durch Veränderungen.
Nr.10: Sorgen wegen einer Reise. Sorgen wegen dem Auto.

Nr.11: Finanzielle Sorgen.

Nr.12: Eine jüngere Frau hat Sorgen.

Nr.13: Firma hat Sorgen.

Nr.14: Belastungen und leichte Erkrankungen bereiten große Sorgen.

Nr.15: Sorgen in der Liebe.

Nr.16: Gedanken entwickeln sich zu Sorgen.

Nr.17: Sorgen sind alle unbegründet und gehen wieder schnell vorbei.

Nr.18: Neue Sorgen.

Nr.19: Sorgen wegen einem Unglück.

Nr.20: Sorgen wegen einem Haus. Sorgen durch die Verwandtschaft.

Nr.21: Sorgen in der Familie, Sorgen wegen der Wohnung.

Nr.22: Ein jüngerer Mann hat Sorgen

Nr.23: Eine Entscheidung bereitet Kummer.

Nr.24: Sorgen werden beendet.

Nr.25: Berufliche Sorgen.

Nr.26: Sorgen sind unbegründet.

Nr.27: Verträge, Abkommen und Angebote bereiten große Sorgen.

Nr.28: In wenigen Monaten kommen Sorgen.

Nr.29: Sorgen bleiben bestehen.

Nr.30: Sorgen wegen einer Auseinandersetzung.

Nr.31: Sorgen wegen einer Erkrankung.

Nr.33: Sorgen wegen Betrug oder moralischer Verfehlungen.

Nr.34: Sorgen wegen der beruflichen Tätigkeit.

Nr.35: Sorgen bleiben noch einige Jahre bestehen.

Nr.36: Alle Sorgen sind unbegründet.

Karte Nr.33 Trübe Gedanken

 **Beschreibung:** Diese Karte zeigt Hinterlistigkeit und Betrug an. Aber auch Rache und moralische Verwerfungen werden mit ihr symbolisiert.

Tageskarte: Wenn Sie diese Karte ziehen, haben Sie heute eine äußerst negative Denkweise, die von Egoismus, Rache, Hinterlistigkeit oder auch von Habsucht geprägt sein kann.

Personeneigenschaft: Hinterlistig
Beruf: Auf der Arbeit könnten Sie demnächst durch die Hinterlistigkeit Ihrer Kollegen Probleme bekommen.
Liebe: In der Partnerschaft wird die Gefahr von Untreue und Eifersucht ansteigen. Als Single bekommen Sie negative Gedanken, weil Sie den Partner Ihres Herzens nicht bekommen können.
Geld: Sie werden sich in der nächste Zeit viele Gedanken machen, wie Sie Geld kommen könnten. Dabei werden moralische Werte keine Rolle spielen.

Karte Nr.33 in Verbindung mit:

Nr.01 oder Nr.02: Sie werden mit negativen Gedanken oder auch Betrügereien konfrontiert.
Nr.03: Ein Seitensprung.
Nr.04: Vorsicht vor Ihren Freunden und Bekannten, denn diese können sehr rücksichtslos und egoistisch sein.
Nr.05: Ein älterer Mann wird Ihnen Ärger bereiten, weil er nur an sein eigenes Wohl bedacht ist.
Nr.06: Eine ältere Frau wird Ihnen Ärger bereiten, weil sie nur an ihr eigenes Wohl bedacht ist.
Nr.07: Üble Nachrede, schlimme Lügen.
Nr.08: Lügen und Intrigen mit dem Ziel, einen Schaden anzurichten.

Nr.09: Intrigen durch Veränderungen.

Nr.10: Betrug auf einer Reise. Betrug wegen dem Auto.

Nr.11: Betrug im finanziellen Bereich.

Nr.12: Eine jüngere Frau wird Ihnen Ärger bereiten, weil sie nur an ihr eigenes Wohl bedacht ist.

Nr.13: Firma arbeitet unehrlich.

Nr.14: Viele unnötige Gedanken wegen den Belastungen und leichten Erkrankungen.

Nr.15: Eifersucht.

Nr.16: Gedanken wegen Ungerechtigkeiten.

Nr.17: Mitmenschen treiben Schabernack.

Nr.18: Neue Betrügereien.

Nr.19: Betrügereien rufen einen großen Schaden hervor.

Nr.20: Betrügereien wegen einem Haus, Betrug durch Verwandte.

Nr.21: Negative Gedanken in der Wohnung oder in der Familie.

Nr.22: Ein jüngerer Mann wird Ihnen Ärger bereiten, weil er nur an sein eigenes Wohl bedacht ist.

Nr.23: Eine Entscheidung wegen einem Betrug treffen.

Nr.24: Betrügereien bringen Verluste.

Nr.25: Mobbing von Kollegen.

Nr.26: Glück bei Betrügereien.

Nr.27: Vorsicht vor Verträgen und Angeboten. Die Betrugsgefahr wird sehr groß sein.

Nr.28: In wenigen Monaten Opfer von Betrügereien werden.

Nr.29: Betrügereien bleiben weiterhin. Auch Einschaltung der Behörde wegen Betrug.

Nr.30: Betrügereien führen zu Auseinandersetzungen.

Nr.31: Vorsicht vor Quacksalbern.

Nr.32: Sorgen wegen Betrug oder moralischer Verfehlungen.

Nr.34: Grobe Fahrlässigkeit und Vorsätzlichkeit im Beruf.

Nr.35: Über Jahre mit Betrügereien konfrontiert werden.

Nr.36: Hinterhältigkeit.

Karte Nr.34 Arbeit und Beschäftigung

 **Beschreibung:** Diese Karte zeigt Verpflichtungen und körperliche Arbeiten, die im Alltag erledigt werden sollten.

Tageskarte: Bei der Karte haben Sie heute eine sehr große Motivation, um Ihren Verpflichtungen nachzugehen und alle Arbeiten zu erledigen, die im Moment noch anstehen.

Personeneigenschaft: Fleißig, sehr vital
Beruf: Demnächst wird die Arbeit bei Ihnen stark in den Vordergrund rutschen. Dies kann sich durchaus in Überstunden bemerkbar machen.
Liebe: In der Partnerschaft wird sich Vitalität und Aktivität bemerkbar machen (z.B. Unternehmungen, Sexualität). Als Single zeigen Sie viel Unternehmungslust und lernen dadurch auch sehr viele nette Menschen kennen.
Geld: Durch Fleiß, ausdauernde Arbeit und gute Geldanlagen bringen Sie es mit der Zeit zu einem stattlichen Vermögen.

Karte Nr.34 in Verbindung mit:

Nr.01 oder Nr.02: Bald wird viel Arbeit auf Sie zukommen.
Nr.03: An dieser Partnerschaft wird viel gearbeitet, um sie aufrecht zu erhalten.
Nr.04: Ihre Freunde und Bekannte sind sehr fleißig. Auch zeigt diese Kartenkombination Ihre Arbeitskollegen.
Nr.05: Ein älterer Mann ist sehr fleißig und hat noch viele Arbeiten zu erledigen.
Nr.06: Eine ältere Frau ist sehr fleißig und hat noch viele Arbeiten zu erledigen.
Nr.07: Berufliche Gespräche, Vorstellungsgespräch.
Nr.08: Arbeitsfehler, Handwerkerpfusch.

Nr.09: Berufliche Veränderung (neue Tätigkeit).

Nr.10: Eine Reise mit viel körperlicher Ertüchtigung. Reparaturarbeiten am Auto.

Nr.11: Eine Geldanlage, die sehr gut arbeitet.

Nr.12: Eine jüngere Frau ist sehr fleißig und hat noch viele Arbeiten zu erledigen.

Nr.13: In der Firma wird viel gearbeitet.

Nr.14: Berufliche Tätigkeit ist sehr belastend.

Nr.15: In der Liebe sehr aktiv sein, Sexualität.

Nr.16: Gedanken und Pläne wegen der beruflichen Tätigkeit.

Nr.17: Freude im Beruf, gute Zusammenarbeit.

Nr.18: Neue berufliche Tätigkeit.

Nr.19: Das Ende der beruflichen Tätigkeit.

Nr.20: Arbeiten am Haus. Hilfe innerhalb der Verwandtschaft.

Nr.21: Renovierungsarbeiten, perfekte Arbeitsteilung im Haushalt.

Nr.22: Ein jüngerer Mann ist fleißig und hat Arbeiten zu erledigen.

Nr.23: Eine berufliche Entscheidung.

Nr.24: Verlust des Arbeitsplatzes droht.

Nr.25: Gutes Ansehen im Beruf.

Nr.26: Glück auf der Arbeit.

Nr.27: Vertrag oder Angebot in einer Firma (z.B. Arbeitsvertrag oder Beförderung).

Nr.28: Bald gibt es viel (körperliche) Arbeit zu erledigen.

Nr.29: Angst vor Arbeitsfehlern.

Nr.30: Streit im Beruf, Nervosität am Arbeitsplatz.

Nr.31: Körperliche Probleme durch berufliche Tätigkeit.

Nr.32: Sorgen wegen der beruflichen Tätigkeit.

Nr.33: Grobe Fahrlässigkeit und Vorsätzlichkeit im Beruf.

Nr.35: Noch lange aktiv im Beruf bleiben.

Nr.36: Gute Improvisation auf der Arbeit. Kann aber auch esoterische Tätigkeit darstellen (z.B. Kartenleger, Astrologe).

Karte Nr.35 Ein langer Weg

 **Beschreibung:** Diese Karte ist eine Zeitkarte und zeigt einen Zeitraum von mehreren Jahren an. Sie symbolisiert aber auch eine längere Wegstrecke.

Tageskarte: Bei der Karte werden Sie das große Bedürfnis haben, Ihren Alltag so zu belassen, wie er ist. Dadurch kann es aber passieren, dass Sie für Ihre Mitmenschen langweilig wirken.

Personeneigenschaft: Langweilig, abwartend
Beruf: Auf der Arbeit wird sich die nächsten Jahre nicht viel bewegen. Diese Karte sollte durchaus positiv gesehen werden, da Sie auch besagt, dass es die nächsten Jahre keine Arbeitslosigkeit gibt.
Liebe: Ihre Partnerschaft bleibt die nächsten Jahre unverändert. Wenn Sie noch ein Single sind, wird sich die nächsten Jahre leider auch nicht viel ändern.
Geld: Ihre finanzielle Situation wird die nächsten Jahre unverändert bleiben.

Karte Nr.35 in Verbindung mit:

Nr.01 oder Nr.02: Bis sich etwas Wichtiges in Ihrem Leben verändert, werden noch Jahre vergehen.
Nr.03: Diese Partnerschaft wird noch jahrelang bestehen bleiben.
Nr.04: Freunde und Bekannte bleiben Ihnen noch jahrelang erhalten.
Nr.05: Zu diesem älteren Mann werden Sie noch viele Jahre Kontakt haben.
Nr.06: Zu dieser älteren Frau werden Sie noch viele Jahre lang Kontakt haben.
Nr.07: Sehr lange Gespräche, jahrelange und gute Informationsquelle.
Nr.08: Eine Lüge wird noch Jahre im Umlauf sein, bis sie aufgeklärt werden kann.

Nr.09: Veränderungen finden erst nach ein paar Jahren statt.

Nr.10: Eine sehr lange Reise, Weltreise. Das Auto wird mehrere Jahre erhalten bleiben.

Nr.11: Im finanziellen Bereich wird es die nächsten beiden Jahre keine negativen Ereignisse geben.

Nr.12: Zu einer jüngere Frau werden Sie viele Jahre Kontakt haben.

Nr.13: Firma bleibt noch jahrelang bestehen.

Nr.14: Belastungen, leichte Erkrankungen dauern noch einige Jahre an.

Nr.15: In der Liebe wird sich die nächsten Jahre nicht viel ändern.

Nr.16: Gedanken und Pläne sollten in 1 bis 2 Jahren umgesetzt werden.

Nr.17: Freude und Optimismus bleiben noch jahrelang bestehen.

Nr.18: Wichtige Neuigkeiten kommen erst in ein paar Jahren. In ein paar Jahren kommt ein Neuanfang.

Nr.19: Negative Ereignisse werden noch einige Jahre andauern.

Nr.20: Mehrere Jahre mit einem Haus konfrontiert werden. Ferienhaus im Ausland.

Nr.21: Wohnung bleibt noch mehrere Jahre bestehen. Kann aber auch eine Ferienwohnung anzeigen.

Nr.22: Der Kontakt zu einem jüngeren Mann bleibt noch bestehen.

Nr.23: Wichtige und einschneidende Entscheidungen kommen erst in eine paar Jahren.

Nr.24: Ein Verlust macht sich noch ein paar Jahre bemerkbar.

Nr.25: Gutes Ansehen (hauptsächlich im Beruf) bleibt noch lange Zeit bestehen.

Nr.26: Das Glück bleibt noch jahrelang bestehen.

Nr.27: Ein Angebot auf lange Zeit. Ein Zeitvertrag.

Nr.28: Bald wird sehr viel Geduld erforderlich sein.

Nr.29: Ängste und Unsicherheiten bleiben noch lange bestehen.

Nr.30: Eine Streit wird erst nach mehreren Jahren beigelegt.

Nr.31: Eine Krankheit wird noch mehrere Jahre andauern.

Nr.32: Sorgen bleiben noch einige Jahre bestehen.

Nr.33: Über Jahre mit Betrügereien konfrontiert werden.

Nr.34: Noch lange aktiv im Beruf bleiben.

Nr.36: Träume bleiben bestehen. Spiritualität bleibt die nächsten Jahre erhalten.

Karte Nr.36 Die Hoffnung, großes Wasser

 **Beschreibung:** Diese Karte zeigt alle Hoffnungen und Träume an. Zusätzlich werden mit ihr auch die Spiritualität und andere Kulturen angezeigt.

Tageskarte: Bei der Karte werden Sie heute sehr verträumt sein und dementsprechend viel in Ihren Phantasien schwelgen.

Personeneigenschaft: Verträumt, Person aus einer anderen Kultur.
Beruf: Auf der Arbeit werden Sie sehr gut improvisieren können. Auch zeigt die Karte, dass Sie im esoterischen Bereich beruflich aktiv werden und sich damit ein zweites Standbein aufbauen.
Liebe: Partnerschaftsprobleme werden verdrängt. Dadurch werden Sie die Ansicht haben, dass der Partner perfekt ist. Als Single werden Sie sehr viel von einer perfekten Partnerschaft träumen und sich dadurch für die Zukunft optimistisch stimmen.
Geld: Sie werden zu Frusteinkäufen neigen. Bei finanziellen Anlagen ist die Gefahr groß, dass Sie durch Spekulationen viel Geld verlieren.

Karte Nr.36 in Verbindung mit:

Nr.01 oder Nr.02: Sie haben viele Träume. Diese Kartenkombination zeigt auch an, dass Sie sich viel mit Esoterik beschäftigen werden.
Nr.03: Eine ideale Partnerschaft.
Nr.04: Esoterikkreis, Treffen beim Kartenleger oder Astrologen.
Nr.05: Ein älterer Mann ist verträumt und wirkt dadurch weltfremd.
Nr.06: Eine ältere Frau ist verträumt und wirkt dadurch weltfremd.
Nr.07: Spirituelle Gespräche, Telepathie.
Nr.08: Aus einer krankhaften Phantasie heraus wird eine Lüge in die Welt verbreitet.

Nr.09: Umzug in ein anderes Land. Meistens zeigt die Kombination jedoch nur ein Bundesland an, in dem die Lebensweise etwas anders ist.
Nr.10: Reise in das Ausland, in eine andere Kultur. Das Auto ist das Lieblingshobby.
Nr.11: Unüberlegte Einkäufe, Frusteinkäufe.
Nr.12: Eine jüngere Frau ist verträumt und wirkt dadurch weltfremd.
Nr.13: Firma arbeitet viel mit dem Ausland zusammen.
Nr.14: Belastungen und Erkrankungen sind seelischen Ursprungs.
Nr.15: Große Schwärmereien. Die perfekte Liebe.
Nr.16: Unrealistische Gedanken und Pläne, die nicht umgesetzt werden sollten.
Nr.17: Optimistische Träume und Vorstellungen, rege Phantasie.
Nr.18: Pläne für einen Neubeginn sind sehr unrealistisch und werden deshalb wieder verworfen.
Nr.19: Starke negative Denkweise, die unbegründet ist.
Nr.20: Pläne wegen einem Haus werden sehr unrealistisch sein. Wenn kein Haus geplant wird, sind einige der Verwandten sehr unrealistisch und werden deshalb kaum ernst genommen.
Nr.21: Träumereien und Phantasien in den eigenen vier Wänden. Eine Wohnung im Ausland.
Nr.22: Ein jüngerer Mann ist verträumt und wirkt dadurch weltfremd.
Nr.23: Eine Entscheidung führt zu keinem Ergebnis.
Nr.24: Ein Verlust wird nicht so schlimm sein, wie anfangs befürchtet.
Nr.25: Gutes Ansehen weit über dem Bildungsgrad hinaus.
Nr.26: Sie sollten sich nicht immer nur auf Ihr Glück verlassen.
Nr.27: Scheinvertrag, Scheinangebot.
Nr.28: In wenigen Monaten kommen viele Träume und Phantasien oder Tätigkeiten im esoterischen Bereich.
Nr.29: Träume und Phantasien bleiben. Gefahr von Realitätsverlust.
Nr.30: Eine Auseinandersetzung, für die es keinen Grund gibt.
Nr.31: Eine Krankheit spielt sich nur im Kopf ab.
Nr.32: Alle Sorgen sind unbegründet.
Nr.33: Hinterhältigkeit.
Nr.34: Gute Improvisation auf der Arbeit. Kann aber auch esoterische Tätigkeit darstellen (z.B. Kartenleger, Astrologe).
Nr.35: Träume bleiben bestehen. Spiritualität bleibt die nächsten Jahre erhalten.

Entspannungsmethoden

Bevor Sie mit Kartenlegen anfangen, ist es notwendig, den gesamten alltäglichen Ballast abzulegen und negative Gedanken zu verdrängen. Schließlich erfordert Wahrsagen eine seelische Ausgeglichenheit und Konzentration, denn nur Ihre Gedanken bestimmen letztendlich über das Ergebnis der gemischten oder gezogenen Karten. Sollten Sie beispielsweise beim Ziehen der Karten an Ihre Nachbarin denken, haben Sie nachher nicht mehr Ihre Karten auf dem Tisch, sondern die von Ihrer Nachbarin. Somit hätten Sie dadurch eine Fehlerquote von nahezu 100 Prozent und könnten die Karten getrost wieder einpacken.

Am besten erreichen Sie diese Ausgeglichenheit mit Mentaltraining.

Wenn Sie aber keine Erfahrung mit Mentaltraining haben, empfehle ich Ihnen folgende kleine Übung:

Setzen Sie sich auf einen Stuhl und achten Sie dabei, dass Ihr Rücken mit dem Kopf eine gerade Linie bildet und dass Ihre Schultern nicht nach vorne hängen. Legen Sie Ihre Hände auf den Tisch und schließen die Augen. Versuchen Sie nun in sich reinzuhorchen. Sie werden dabei feststellen, dass Ihnen in diesem Moment viele Gedanken durch den Kopf gehen. Geben Sie jedem Gedanken ein Muster oder eine Figur.

Mir persönlich hilft es am besten, wenn ich mir vorstelle, dass meine Gedanken aus sehr vielen Streichhölzern bestehen.

Stellen Sie sich jetzt vor, wie sich diese Gedanken, z.B. In Form der Streichhölzer, nach und nach aus Ihrem Kopf lösen und auf den Boden fallen. Wenn alle Gedanken weg sind, vergegenwärtigen Sie sich, dass in Ihrem Innersten ein riesiger leerer Raum ist. Sobald Sie diese innere Leere empfinden können, haben Sie es wirklich geschafft, Ihren Kopf gedankenleer zu machen.

Nun stellen Sie sich vor, mit jedem Atemzug frische und reine Luft einzuatmen und bei jedem Ausatmen nicht nur die verbrauchte Luft, sondern auch die ganzen angestauten negativen Energien auszustoßen. Machen Sie diese Atemübung so oft, bis Sie das Gefühl haben, alles Negative herausgelassen zu haben und öffnen Sie wieder Ihre Augen.

Sie werden feststellen, dass Sie sich ausgeglichener und wohler fühlen. Selbstverständlich gibt es noch viel effektivere Übungen, doch für den Anfang sollte diese Entspannungstechnik wirklich ausreichen.

Das richtige Mischen und Ziehen der Kipperkarten

Wenn Sie sich ruhig gestellt haben und der festen Überzeugung sind, dass Sie ausgeglichen sind, können Sie mit dem Mischen und Ziehen der Karten beginnen. Nehmen Sie das neue Kartendeck, verteilen alle Karten auf dem Tisch und mischen diese gut durch.

Das erste Mischen sollte am gründlichsten erfolgen, weil die Karten werkseitig nach der Nummerierung geordnet sind.

Legen Sie die Karten wieder zusammen und halten den Stapel in beiden Händen fest. Versuchen Sie jetzt die Kipperkarten zu fühlen und eine Verbindung mit ihnen aufzubauen. Nun konzentrieren Sie sich auf Ihre Fragen und den Zeitraum und mischen nochmals durch.

Wenn Sie der Meinung sind, dass Sie die Karten ausreichend gemischt haben, legen Sie den Stoß auf den Tisch, heben etwa die Hälfte ab und legen ihn daneben. Den unteren Stoß legen Sie auf den oberen und beginnen nun mit dem Auslegen.

Wollen Sie die Karten nicht alle auslegen, sondern laut Legeschema nur einige ziehen, so nehmen Sie den Stapel, ziehen zuerst Ihre eigene Personenkarte (Karte Nr.1 oder Nr.2) heraus und dann die Karte, die das Thema anzeigt. Möchten Sie beispielsweise wissen, wie es in der Liebe weitergeht, ziehen Sie als Themenkarte die Karte Nr.15 heraus. Betrifft es die Arbeit, ist es die Karte Nr.34 und für die Freundschaften die Karte Nr.4. Nun mischen Sie die restlichen Karten und breiten diese auf dem Tisch aus. Stellen Sie sich Ihre Frage mit dem dazugehörigen Zeitraum und bestimmen Sie in Gedanken, wie viele Karten Sie für eine bestimmte Legetechnik ziehen.

Prinzipiell sollten die Karten immer mit der linken Hand gezogen werden. Die linke Hand wird von der linken Gehirnhälfte gesteuert, von der man sagt, dass diese Hälfte der intuitive Teil ist und den Menschen dementsprechend intuitiv und unbewusst steuert.

Legen Sie nun die Karten laut Legeschema aus und fangen mit der Deutung an.

Legetechniken und Themenkarten

Nachfolgend präsentiere ich Ihnen einige bekannte Legetechniken mit dazugehörigen Legebeispielen.

Um die Antworten nicht zu verfälschen, werden vorher aus dem Stapel die Personenkarte und die Themenkarte herausgenommen.

Handelt es sich z.B. um das Thema Liebe, ist die Themenkarte demnach die Karte Nr.15.

Hier eine kleine Auflistung, welche Bereiche eine Themenkarte vertritt:

Arbeit	Karte Nr.34	Liebe	Karte Nr.15
Beziehung	Karte Nr.03	Lügen	Karte Nr.08
Finanzen	Karte Nr.11	Mutter	Karte Nr.06
Firma	Karte Nr.13	Partner	Karte Nr.01
Freunde	Karte Nr.04	Schwester	Karte Nr.12
Gesundheit	Karte Nr.31	Tochter	Karte Nr.12
Intrigen	Karte Nr.33	Vater	Karte Nr.05

Die Antwort der Einzelkarte

Diese Legetechnik ist die einfachste und erfordert das Ziehen von einer einzigen Karte.

Folgende Fragen können gestellt werden:
- welche Bedeutung hat der heutige Tag (Tageskarte)?
- welche Bedeutung hat XY?
- wie geht es mit XY weiter?
- wie geht es im Bereich XY weiter?

Legebeispiel zur Antwort der Einzelkarte

Maria K. ist seit Jahren unglücklich verheiratet und möchte nun wissen, wie Ihre Ehe zukünftig verläuft. Mit dieser Frage zieht sie eine Karte.

Personenkarte   Themenkarte   Gezogene Karte

Die gezogene Karte Nr.33 deutet auf einen Seitensprung hin. Wie mir Maria beichtet, ist sie diejenige, die den Seitensprung hat und mit ihrem Geliebten noch in weiterer Zukunft zusammenbleiben möchte.
Weiterhin möchte sie wissen, ob ihre Ehe halten wird und zieht mit dieser Karte eine weitere Karte.

Personenkarte   Themenkarte   Gezogene Karte

Dic gezogene Karte Nr.23 ist eine Entscheidungskarte. In Verbindung mit Marias unglücklicher Ehe sagt sie aus, dass bald eine Entscheidung getroffen wird. In diesem Fall deutet sie mit hoher Wahrscheinlichkeit auf das Scheidungsgericht hin, so dass ich für Marias Ehe leider keine Zukunft mehr sehe.

Das Vierer-System

Eines meiner beliebtesten Legetechniken ist das Vierer-System. Dabei werden vier Karten gezogen. Vorher sollten Sie selbstverständlich Ihre Personenkarte und die Themenkarte aus dem Stoß herausnehmen.

Karte 1	Karte 2	Karte 3	Karte 4
Zeigt das Thema	Zeigt die Gedanken die aber nicht zutreffen	Zeigt die Antwort	Zeigt die weitere Zukunft

Die Karten haben folgende Bedeutung:
Karte 1: Zeigt das Thema oder die Situation, um die es geht.
Karte 2: Zeigt Ängste oder Hoffnungen, die aber nicht zutreffen.
Karte 3: Zeigt uns die Antwort bzw. die nächste Zukunft.
Karte 4: Ist die Zukunftskarte. Sie zeigt uns an, wie es mit dem Thema weitergeht bzw. gibt die weitere Zukunft an.

Legebeispiel zum Vierer-System

Tina ist 21 Jahre alt und hat arge Probleme einen Partner zu finden, der sie mit ihrer korpulenten Figur akzeptiert. Nun hat sie sich vor kurzem in ihren Nachbarn verliebt und möchte wissen, ob sie eine Chance hätte, mit ihm eine harmonische Partnerschaft einzugehen. Mit dieser Frage zieht sie vier Karten.

Karte 1   Karte 2   Karte 3   Karte 4

Als Themenkarte habe ich die Karte Nr. 15 gewählt und kombiniere nun alle gezogenen Karten mit ihr. Dabei ergibt sich folgende Deutung:
Karte 1: Diese Karte zeigt allgemein, dass es um Liebeskummer geht.
Karte 2: Tina hat Hoffnung, dass ihr Nachbar sich in sie verliebt.
Karte 3: Sie wird Sorgen in der Liebe bekommen.
Karte 4: Auch in ferner Zukunft macht sich Liebeskummer bemerkbar.

Fasst man alle vier Karten zusammen, ist es äußerst unwahrscheinlich, dass Tina mit ihrem Nachbarn eine Partnerschaft aufbauen kann.
Tina möchte nun wissen, wie es die nächsten Jahre in der Partnerschaft weitergeht und zieht nochmals vier Karten.

Karte 1	Karte 2	Karte 3	Karte 4

Als Themenkarte habe ich Karte Nr. 3 ausgewählt und kombiniere nun alle gezogenen Karten mit ihr. Dabei ergibt sich folgende Deutung:
Karte 1: Diese Karte zeigt, dass es sich hierbei um eine Partnerschaft mit einem Mann handelt, der sehr treu ist.
Karte 2: Tina ist für den Aufbau eine Beziehung sehr zuversichtlich.
Karte 3: Sie hat zukünftig eine Beziehung, die auf wahrer Liebe basiert.
Karte 4: Aus dieser Beziehung wird sich später eine Ehe entwickeln.

Besser könnte eine Zukunft kaum aussehen. Im Bereich der Liebe hat Tina eine sehr gute Zukunft vor sich und sollte deshalb auch fest damit rechnen, dass sie bald den Mann ihres Herzens kennen lernt und eine gesunde Partnerschaft mit ihm aufbauen kann. Eine Heirat ist hierbei natürlich nicht ausgeschlossen.

Der allgemeine Jahreskreis

Diese Legetechnik wird genutzt, um besondere Ereignisse in jeweiligen Monaten festzustellen.

Aus dem Stapel wird zunächst die Hauptperson (HP) herausgenommen. Anschließend mischen Sie die Karten durch und breiten diese aus. Ziehen Sie nun für jeden Monat eine Karte und legen sie in einem Kreis aus. Die Hauptperson wird in die Mitte des Kreises gelegt und mit jeder gezogenen Karte zusammen gedeutet.

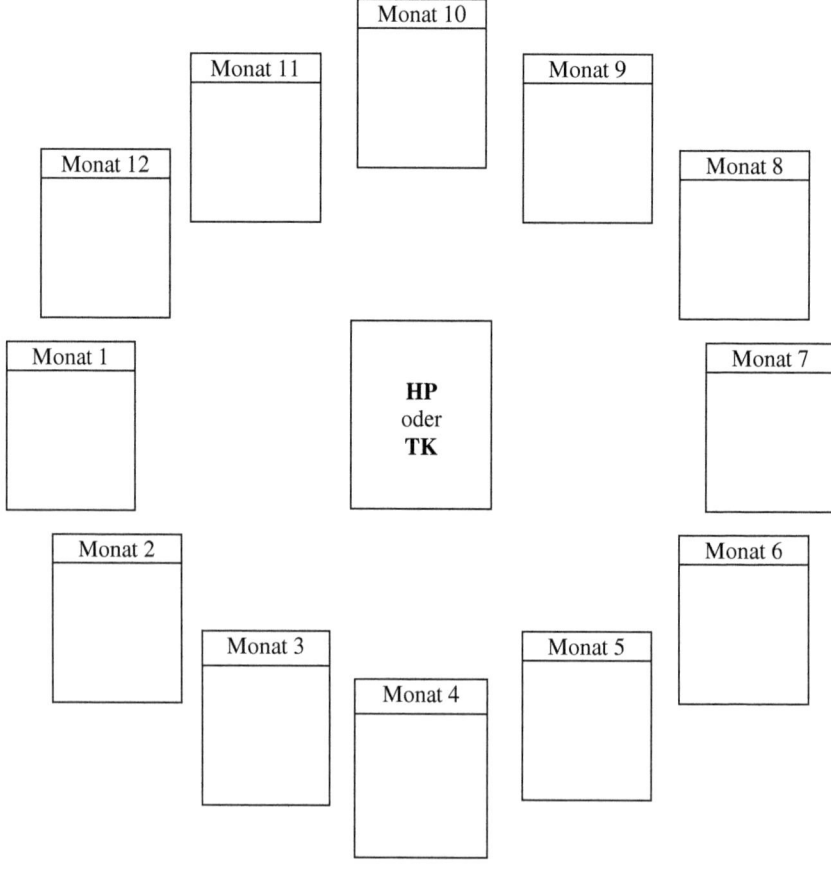

Der thematische Jahreskreis

Diese Legetechnik hat Ähnlichkeit mit dem allgemeinen Jahreskreis. Allerdings wird statt der Hauptperson eine Themenkarte (TK) gezogen, die mit den anderen Karten gedeutet wird. Mit dieser Technik ist es möglich, die Zukunft gezielter zu erfragen. Der Fragesteller erhält damit die Möglichkeit, nicht mehr allgemein, sondern nach einem speziellen Thema oder Lebensbereich zu fragen.

Sollte Ihnen die Zeit von 12 Monaten zu kurz- oder langfristig sein, können Sie die zeitlichen Abstände auch abändern. Es ist aber wichtig, dass Sie beim Ziehen der Karten den Zeitraum in Gedanken festhalten. Dabei wäre es auf jeden Fall hilfreich, wenn Sie sich vorher Notizen auf einem Zettel machen und schriftlich hinterlegen, welche Legetechnik Sie nutzen, wie viele Karten Sie ziehen und für welchen Zeitraum diese Deutung sein soll. Wenn Sie für eine abwesende Person, die Karten ziehen, sollten Sie deren Namen auch auf diesem Zettel festhalten.

Wie Sie sehen, liefert der Jahreskreis mehrere Antworten. Allerdings sollten Sie ihn nicht all zu oft auslegen, weil jede weitere Legung das Ergebnis verfälschen könnte.

Legebeispiel zum thematischen Kreis

Günther T. ist Kleinunternehmer und hatte mit seiner Firma eine sehr turbulente und finanzschwache Zeit hinter sich. Nachdem er nun seine Firma umstrukturiert hat, möchte er wissen, ob es in Zukunft finanziell besser wird. Mit der Frage zieht er zum thematischen Kreis 12 Karten.

Als Themenkarte habe ich für diese Legung die Kipperkarte 11 gewählt, weil es sich hier um das finanzielle Thema handelt.

Obwohl Günther für finanzielle Dinge sehr zuversichtlich ist, braucht er noch einige Monate Geduld, bis sich seine finanzielle Situation bessert. Im ersten Monat führt er noch einige Gespräche, bei denen die Finanzen konkret erörtert werden (Karte 1). Allerdings scheinen diese Gespräche von keinem qualifizierten Fachmann geführt zu werden, weil Günther im zweiten Monat einige Fehler unterlaufen werden (Karte 2). Auch im dritten Monat wird leider keine Besserung eintreten. Erst im nächsten Monat wird Günther eine Entscheidung treffen (Karte 4), finanzielle Veränderungen nach eigenen Vorstellungen durchzuführen und diese auch umsetzen. Der Erfolg lässt nicht lange auf sich warten. Bereits im fünften Monat wird er deutlich Besserung verspüren, weil endlich auch mal Geld hereinkommt (Karte 5). Dennoch wird Günther in finanziellen Aspekten auch in Zukunft äußerst vorsichtig sein. Dies macht sich hauptsächlich in Sparsamkeit bemerkbar (Karte 6).

Seine finanzielle Taktik wird ihn weit nach vorne bringen, denn er wird endlich das Gefühl von Glück in Gelddingen verspüren (Karte 7). Auch ein Urlaub bzw. ein neues Auto wird er sich leisten können (Karte 8). In diesem Fall ist es ein Auto, denn Günters Wunsch war es schon immer, sich endlich mal ein neues Auto zu leisten. Im neunten Monat werden weitere Pläne gemacht (Karte 9), die ihn wiederum finanziell nach vorne bringen (Karte 10). Dadurch wird sich einen Monat später eine finanzielle Stabilität bemerkbar (Karte 11) machen, so dass er sich für die weitere Zukunft, bzw. die nächsten Jahre keine Sorgen machen muss (Karte 12).

Der Radix

Diese Legetechnik stammt aus der Astrologie und zeigt eine grafische Darstellung des Horoskops. Der Radix besteht aus 12 Häusern, wobei jede gezogene Karte ein Haus und jedes Haus ein Sternzeichen und somit einen Lebensbereich anzeigt. Dadurch können wir deuten, wie z.B. ein bestimmter Monat oder ein bestimmtes Jahr wird. Auch lässt sich damit ein Persönlichkeits-Radix erstellen, aus dem Eigenschaften einer anderen Person erkennbar sind. Hierbei lautet die Fragestellung für den Radix: Wie wird der Monat X, das Jahr X oder welche Persönlichkeit hat Herr/Frau X.

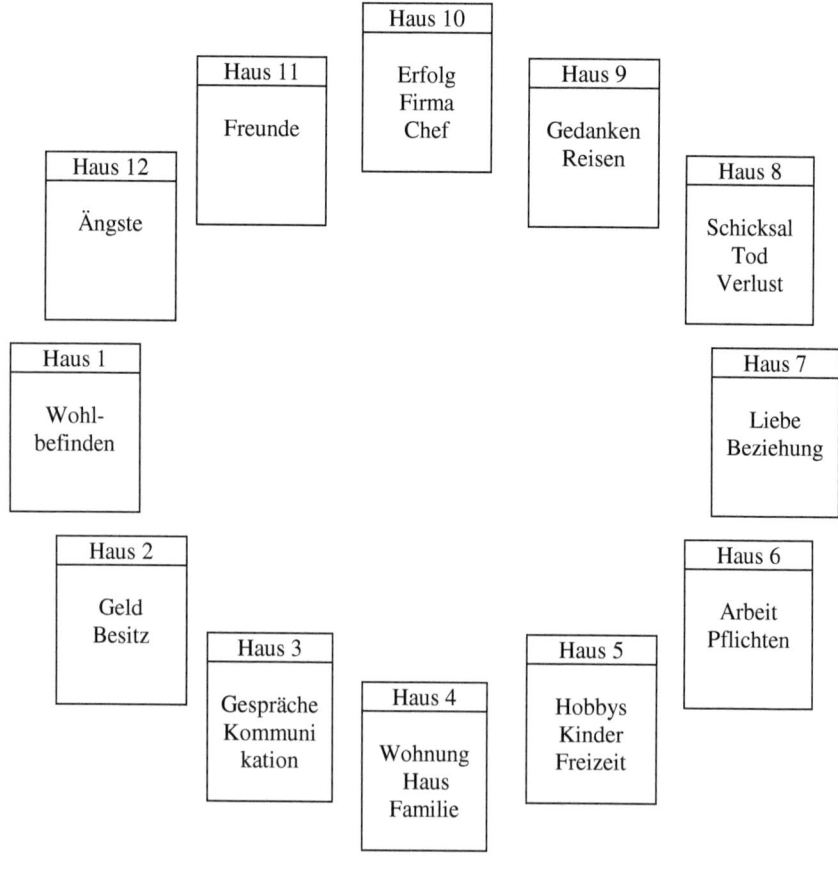

Beim Radix wird jedes Haus von einer Kipperkarte vertreten, wobei jede gezogene Karte in ein Haus gelegt und mit der dementsprechenden Häuserkarte kombiniert wird.
Folgende Karten werden durch die Häuser vertreten.

Haus 01, Wohlbefinden	Karte Nr. 01, Nr. 02, Hauptp.
Haus 02, Geld, Besitz	Karte Nr. 11, Viel Geld gew.
Haus 03, Gespräche, Kommunikation	Karte Nr. 07, Angen. Brief
Haus 04, Wohnung, Haus, Familie	Karte Nr. 21, Wohnzimmer
Haus 05, Hobbys, Kinder, Freizeit	Karte Nr. 17, Geschenk bek.
Haus 06, Arbeit, Pflichten	Karte Nr. 34, Arbeit, Besch.
Haus 07, Liebe, Beziehung	Karte Nr. 15, Liebe
Haus 08, Schicksal, Tod, Verlust	Karte Nr. 19, Ein Todesfall
Haus 09, Gedanken, Reise	Karte Nr. 16, Seine Gedanken
Haus 10, Erfolg, Firma, Chef	Karte Nr. 13, Reicher g. Herr
Haus 11, Freunde	Karte Nr. 04, Zusammenkunft
Haus 12, Ängste	Karte Nr. 29, Gefängnis

Sollte eine gezogene Karte im eigenen Haus liegen, wird sie von Ihrer Bedeutung zusätzlich gestärkt. Wenn alle Kombinationen gedeutet sind, haben wir nachträglich die Möglichkeit, Gemeinsamkeiten mit anderen Häusern zu suchen. Zum Beispiel steht das Haus Nr.02 (Geld Besitz) in naher Verbindung zum Haus Nr.11(Erfolg, Firma, Chef) und dem Haus Nr.06 (Arbeit, Pflichten).Das Haus Nr.03 (Gespräche, Kommunikation) steht in naher Verbindung zum Haus Nr.11 (Freunde).
Haus Nr.01 steht in naher Verbindung zu den restlichen 11 Häusern, weil diese Häuser ausschlaggebend für das allgemeine Wohlbefinden des Fragestellers sind.

Legebeispiel zum Radix

Markus M. ist seit 10 Jahren Single und wundert sich, dass er nicht in der Lage ist, die richtige Partnerin zu finden. Auf die Frage, was die Ursache dafür ist, weiß er selber keine Antwort.

Er möchte von mir wissen, was die Ursache für seine Einsamkeit ist und zieht mit dieser Frage 12 Karten für den Radix.

Markus ist ein Mann, der von seinem Allgemeinbefinden und seinem Verhalten äußerst zurückgezogen und ängstlich ist (Haus 1).

Finanziell scheint er dagegen sehr gut klarzukommen und ist auch in der Lage, sich ein kleines Vermögen aufzubauen (Haus 2). Doch in dem kommunikativen Bereich ist es nicht mehr so gut gestellt, denn er hat kaum Gelegenheit, über seine Wünsche, Gedanken und Vorstellungen zu reden (Haus 3).

Zu Hause verbringt er viel Zeit, Pläne zu schmieden und sich allgemein Gedanken über seinen Alltag zu machen (Haus 4). Ab und zu verbringt er seine Freizeit mit einer anderen männlichen Person, die scheinbar etwas jünger ist (Haus 5). Auf der Arbeit sieht es für Markus sehr gut aus, denn diese bereitet ihm sehr viel Spaß und Freude (Haus 6). Nur in der Liebe hat er arge Probleme und auch Liebeskummer (Haus 7).

Niederlagen und leichte Schicksalsschläge werfen Markus sehr schnell aus seinem seelischen Gleichgewicht (Haus 8). Er ist ein Mann, der eine sehr negative Denkweise hat (Haus 9). In der Firma sieht es dagegen sehr gut aus. Für seine berufliche Zukunft braucht er deshalb nichts zu befürchten (Haus 10). Mit seinen Freunden sieht es nicht sehr gut aus. Ob er noch Kontakt zu ihnen hat, ist nicht ersichtlich, allerdings wäre auch von jedem Kontakt abzuraten, weil diese eine sehr aggressive Verhaltensweise haben (Haus 11). Zu guter Letzt muss noch erwähnt werden, dass Markus sehr viele Ängste hat, die aber alle unbegründet sind (Haus 12).

Aus diesem Kartenbild ist direkt ersichtlich, warum Markus Pech in der Liebe hat. Es gibt zwei Bereiche in seinem Leben. Der eine ist der beruflich-materielle Bereich und der andere ist der private Bereich.

Im beruflich-materiellen Bereich sind die Karten äußerst positiv und könnten auch nicht besser sein (Haus 2, 6 und 10).

Doch im privaten Bereich sind nur negative Karten. Als Hauptgrund muss hierbei erwähnt werden, dass Markus ein sehr negativ denkender Mensch ist (Haus 8 und 9), was zur Folge hat, dass er sehr einsam und ängstlich ist (Haus 1).

Das keltische Kreuz

Eine weitere Legeart, die schon mehrere hundert Jahre genutzt wird, ist das keltische Kreuz. Dabei werden 10 Karten gezogen und nach dem unten vorgegebenen Muster ausgelegt. Die Fragestellung lautet: Wie geht es mit mir, meinem Problem, bzw. Angelegenheit weiter.

Karte 3 Gedanken				**Karte 10** allgemeine Zukunft
Karte 5 Vergangen-heit	**Karte 1** Situation	**Karte 2** Einfluss auf die Situation	**Karte 6** nächste Zukunft	**Karte 9** Hoffnung
		Karte 4 Unwissen-heit		**Karte 8** Ort der Zukunft
eventuelle TK				**Karte 7** Ängste

Bei der Technik können wir allgemeine Fragen stellen. Aber auch hier haben wir die Möglichkeit nach einem bestimmten Thema zu erfragen. Dabei nehmen wir wiederum eine Themenkarte und ziehen sie vor dem Mischen aus dem Stapel heraus.

Die 10 gezogene Karten haben folgende Bedeutung:

Karte 1 zeigt die Anfangssituation. Sie spiegelt das Thema wieder.

Karte 2 zeigt den Einfluss, der auf das Thema hinzugekommen ist.

Karte 3 zeigt unsere Gedanken über das Thema.

Karte 4 zeigt unsere Unwissenheit über das Thema.

Karte 5 zeigt die jüngste Vergangenheit bzw. das jüngste Ereignis.

Karte 6 zeigt das nächste Ereignis an, welches uns bevorsteht.

Karte 7 zeigt unsere Ängste an.

Karte 8 bezieht sich auf Karte 6 und zeigt, wo das Ereignis stattfindet.

Karte 9 zeigt unsere Hoffnungen an.

Karte 10 zeigt die weitere Zukunft und ist die wichtigste Zukunftskarte.

Legebeispiel zum keltischen Kreuz

Rita M. hat finanzielle Probleme. Nachdem sie arbeitslos geworden ist, konnte sie ihre monatliche Kreditrate für die Eigentumswohnung nicht mehr entrichten. Obwohl sie seit kurzem eine neue Arbeitsstelle hat, kündigte ihre Hausbank den Vertrag und fordert nun die komplette Summe zurück. Rita möchte wissen, wie es finanziell weitergeht und ob sie eine andere Bank findet, die den Kredit übernimmt.

Karte 3

Karte 10

Karte 5

Karte 1

Karte 2

Karte 6

Karte 9

Karte 4

Karte 8

TK

Karte 7

94

Bei der Fragestellung habe ich als Themenkarte die Kipperkarte Nr. 11 (Viel Geld gewinnen) ausgewählt.

Ritas Finanzen waren sehr schlimm, was zur Folge hatte, dass sie fast krank geworden ist (Karte 1). Verschlimmert wurde das Ereignis, weil die Bank für ihre finanzielle Lage kein Verständnis hatte und deshalb Streitereien herausprovozierte (Karte 2).

Durch die Kündigung des Kreditvertrages ist Rita bewusst, dass sie einen neuen Kredit braucht (Karte 3). Es sollte ein Vertrag sein, bei dem sie auf eine sehr lange Zeit einen stabilen Zinssatz und somit auch eine Sicherheit hat (Karte 4). Durch die Arbeitslosigkeit hat Rita in jüngster Vergangenheit finanzielle Verluste erlitten (Karte 5). Doch dies sollte sich in der nächsten Zeit ändern, denn Rita wird einen neuen Vertrag abschließen (Karte 6 und 8).

Zwar hat Rita die Befürchtung, dass bei dem neuen Vertrag etwas nicht in Ordnung sein könnte (Karte 7), doch wird es dafür keinen Anlass geben.

Rita wird in finanzieller Hinsicht auch von einer starken Glückssträhne profitieren können, weshalb es für sie empfehlenswert wäre, zukünftig auch mal beim Lotto mitzuspielen (Karte 10).

Das Quadrat

Bei dieser Legetechnik ziehen wir acht Kipperkarten und haben somit die Möglichkeit, Antworten zu eigenen Person (HP) oder einer anderen Person (PK) zu erhalten.
Die Fragestellung lautet: Wie geht es mit mir oder mit Person x weiter.

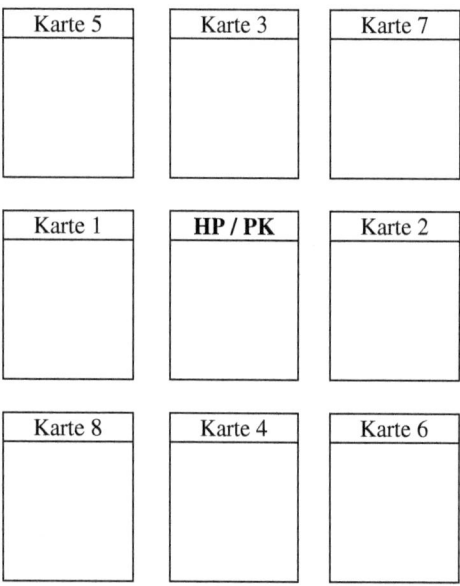

Nachdem die Karten nach folgendem Muster ausgelegt sind, werden Linien gezogen, welche dann anschließend kombiniert werden.
(z.B. Karte 5, 1, 8 oder 5, 3, 7, oder 5, HP, 6 oder 7, 2, 6, oder 8, 4, 6)

Legebeispiel zum Quadrat

Frank H. ist 27 Jahre alt und wieder Single. Nachdem er privat eine sehr turbulente Zeit hatte, möchte er nun wissen wie es mit ihm weitergeht. Mit dieser Frage zieht er für das Quadrat 8 Karten.

Aus dem Kartenbild ist zu erkennen, dass Frank demnächst eine Reise ins Ausland macht (Karte Nr. 5, 1, 8). Dort hat er mit vielen Menschen eine äußerst unterhaltsame Zeit (Karte Nr. 5, 3, 7). Dadurch wird er alle seine Sorgen verdrängen (Karte Nr. 7, 2, 6).
Auch darf er mit einer neuen Liebe rechnen, bei der seine Gefühle Salto schlagen (Karte Nr. 8, 4, 6). Ob er diese Traumfrau im Urlaub kennen lernt, ist leider nicht zu erkennen.

Das Beziehungsspiel

Diese Legetechnik ist unter Kartenlegern äußerst beliebt und zeigt uns den Stand einer Beziehung. Vor dem Mischen wird als Themenkarte die Karte Nr.15 gezogen. Allerdings kann die Legetechnik nicht nur für feste Partnerschaften genutzt werden, sondern auch für kollegiale oder freundschaftliche Beziehungen. In den letzten beiden Fällen dürfen beim Kartendeuten die Gefühle nicht so stark betont werden.

Karte 7		Karte 2
Ihre Gedanken zum Partner		Gedanken vom Partner

Karte 6	Karte 1	Karte 3
Ihre Gefühle zum Partner	Stand der Beziehung	Gefühle vom Partner

Karte 5		Karte 4
Ihr Auftreten wegen dem Partner		Auftreten vom Partner

Karte 1 zeigt, wie der allgemeine Stand der Beziehung ist
Karte 2 zeigt, was der Partner über Sie denkt
Karte 3 zeigt, was der Partner Ihnen gegenüber fühlt
Karte 4 zeigt, wie sich der Partner nach außen verhält
Karte 5 zeigt, wie Sie sich über dem Partner nach außen verhalten
Karte 6 zeigt, was Sie dem Partner gegenüber fühlen
Karte 7 zeigt, was Sie über den Partner denken.

Legebeispiel zum Beziehungsspiel

Sonja T. hat seit kurzem eine neue Bekanntschaft namens Klaus. Sie hat vor, ihn näher kennen zu lernen und möchte wissen, ob sich daraus eine Partnerschaft entwickeln könnte und zieht dafür sieben Karten.

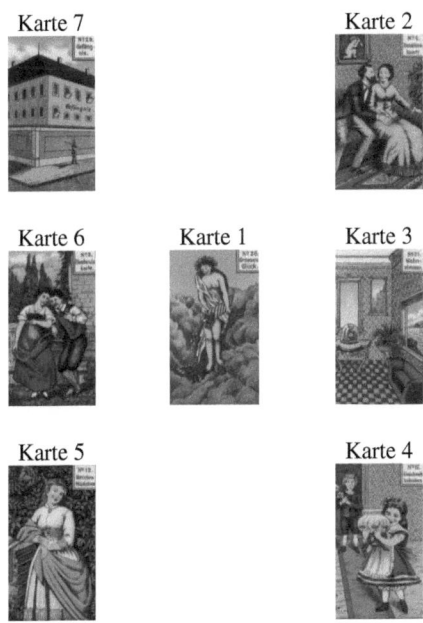

Besser als auf dem abgebildeten Kartendeck könnte eine Beziehung nicht sein. Die beiden scheinen sich gut zu verstehen (Karte 1). Klaus macht sich Gedanken, wann er Sonja wieder sehen könnte (Karte 2) und strebt eine harmonische Zweisamkeit in den eigenen vier Wänden an (Karte 3). Nach außen hin gibt er sich zu dieser Beziehung optimistisch (Karte 4).

Sonja ist der Meinung, dass er schüchtern ist (Karte 7). Sie spürt, dass die Bindung stark und dauerhaft ist (Karte 6) und äußert sich über Klaus sehr oft bei ihrer Busenfreundin (Karte 5).

Wichtige Hinweise für angehende Kartenleger

Möchten Sie erfolgreich Kartenlegen, ist es hilfreich, einige Hinweise zu beachten.

1. Setzen Sie sich beim Kartenlegen niemals unter Druck:
Wenn Sie das Kartenbild vor sich ausbreiten, haben Sie keine Gewähr, alle Antworten des Fragestellers beantworten zu können. Nutzen Sie einfach die Chance des ausgebreiteten Kartendecks und suchen Sie in aller Ruhe nach Verbindungen bzw. Kartenkombinationen. Würden Sie sich dabei unter Druck setzen, ist die Gefahr sehr groß, dass Sie wichtige Kombinationen nicht erkennen und der Fragesteller keine befriedigenden Antworten erhält. Wenn das Kartenbild sehr ungünstig ist, haben Sie immer noch die Möglichkeit die Karten neu zu mischen und wieder auszubreiten.

2. Legen Sie niemandem die Karten, wenn er nicht daran glaubt:
Bedenken Sie bitte, dass die Schicksalsdeutung bzw. das Kartenlegen eine Frage der Weltanschauung ist. Wenn Ihr Bekannter nicht daran glaubt, werden Sie es sehr schwer haben, ihn davon zu überzeugen. Versuchen Sie ihm jedoch ihre Weltanschauung aufzuschwatzen, wird er sich mit Sicherheit dagegen wehren. Akzeptieren Sie deshalb seine Weltanschauung und erwarten Sie von ihm, dass er auch Ihre eigene akzeptiert.

3. Sie sind nicht verpflichtet genaue Details zu machen:
Wenn Sie einem Fragesteller die Karten deuten, sollten Sie nur dann genaue Angaben machen, wenn Sie ihn auch kennen. Bedenken Sie bitte, dass viele Kipperkarten mehrere Bedeutungen haben können. Welche Bedeutung eine einzelne Karte hat, hängt letztendlich vom Fragesteller und seinen Lebensumständen ab.

4. Haben Sie keine Scheu, um Fragen zu stellen:
Es gibt keinen Kartenleger, der wirklich alles weiß. Würde es diesen allwissenden Kartenleger geben, hätte er mit Sicherheit schon längst nach den Lottozahlen die Karten ausgelegt und bräuchte wegen seinen Lottomillionen nicht mehr arbeiten zu gehen.

Je offener der Fragesteller zu ihnen ist und je mehr Fragen er Ihnen beantwortet, desto genauer können Sie die Prognosen für seine Zukunft erstellen.

5. Halten Sie zum Fragesteller immer eine gefühlsmäßige Distanz:
Die meisten Fragesteller haben Probleme im Alltag und werden damit auch nicht fertig. Sie als Kartenleger können Ihren Klienten jedoch nur sagen, wie die weitere Zukunft aussieht. Spielen Sie bei Ihren Kunden allerdings den einfühlsamen Seelentröster, ist es nur noch eine Frage der Zeit, bis Sie selber ein seelisches Wrack werden. Leider sind mir sehr viele Kartleger bekannt, die sich verpflichtet gefühlt haben, jedem Kunden einfühlsamen Trost zu geben. Die Folge war, dass sie durch ihre Kunden viel Kummer aufgeladen hatten und dadurch selber eine psychologische und psychiatrische Behandlung in Anspruch nehmen mussten.

6. Sorgen Sie für ein gutes Ende:
In jedem Kartenbild gibt es gute und schlechte Ereignisse. Die meisten Menschen neigen dazu, negativ und ängstlich in die Zukunft zu blicken. Dabei werden die positiven Gedanken verdrängt und die negativen hochgespielt. Machen Sie deshalb dem Fragesteller deutlich, dass er in Zukunft nicht nur negative, sondern auch positive Ereignisse haben wird. Mir persönlich ist noch kein Mensch begegnet, dessen Leben nur Schattenseiten hatte.

Schlusswort

Zum guten Schluss möchte ich Ihnen ein Dankeschön ausrichten, weil Sie mir mit dem Kauf dieses Buches Ihr Vertrauen geschenkt haben.

Ich bin fest davon überzeugt, dass auch Sie sich die Grundkenntnisse des Kartenlegens aneignen konnten.

Aber ich möchte Ihnen noch einen ganz wichtigen Ratschlag mitgeben.

Sehen Sie das Kartenlegen nicht verkrampft und lassen Sie sich bitte nicht von den negativen Kartenkombinationen verängstigen. Schließlich wird die Zukunft nicht unwiderruflich eintreffen, sondern kann, sobald Ihnen der Lebensweg bewusst ist, gelenkt werden. Die Karten stellen lediglich einen Berater dar und geben Ihnen oder Ihrem Fragesteller eine hilfreiche Unterstützung für schwierige Lebensphasen und Entscheidungen.

Wenn Sie einen guten Einstieg für das Kartenlegen bekommen haben und sich mehr mit diesem Thema beschäftigen möchten, empfehle ich Ihnen mein Buch „1x1 der Kipperkarten", welches stärker in die Details des Kartenlegens geht und auch ein hervorragendes Nachschlagewerk darstellt.

Ich möchte an dieser Stelle noch meiner lieben Ehefrau ein Dankeschön ausrichten. Schließlich brachte sie mich auf die Idee, mein Wissen niederzuschreiben und stand mir auch beim Erstellen des Layouts und der Grafik immer hilfreich zur Seite.

Weitere Bücher von Zeljko Schreiner

Titel: 1x1 der Kipperkarten

Erscheinungsdatum: Mai 2007

Kurzbeschreibung: Ein umfangreiches Werk zum Kartenlegen mit den berühmten Kipper Wahrsagekarten.
Sämtliche Zweierkombinationen werden bis ins Detail beschrieben und liefern dem Leser auch übersichtliche und sehr leicht verständliche Deutungsmethoden mit einer großen Anzahl von praxisnahen Legebeispielen.

Titel: Mystisches Tarot

Erscheinungsdatum: August 2007

Kurzbeschreibung: Eine Einführung in die Welt des Tarots.
Neben einer ausführlichen Beschreibung von jeder Karte, erhält der Leser die Deutung für die Bereiche Beruf, Geld und Liebe.
Ebenso werden beliebte Legetechniken in Verbindung mit 30 praxisnahen Legebeispielen vorgestellt.